185 Essens-und Shakerezepte für Gewichtheber, die dich unglaublich aussehen lassen

Erhalte einen geformten und muskulösen Körper in der Hälfte der Zeit!

von

Joseph Correa

Zertifizierter Sport-Ernährungsberater

COPYRIGHT

© 2016 Finibi Inc

Alle Rechte vorbehalten

Die Vervielfältigung und Übersetzung von Teilen dieses Werkes, mit Ausnahme zum in Paragraph 107 oder 108 des United States Copyright Gesetzes von 1976 dargelegten Zwecke, ist ohne die Erlaubnis des Copyright-Inhabers gesetzeswidrig.

Diese Veröffentlichung dient dazu fehlerfreie und zuverlässige Informationen zu dem auf dem Cover abgedruckten Thema zu liefern. Es wird mit der Einstellung verkauft, dass weder der Autor noch der Herausgeber befähigt sind, medizinische Ratschläge zu erteilen. Wenn medizinischer Rat oder Beistand notwendig sind, konsultieren Sie einen Arzt. Dieses Buch ist als Ratgeber konzipiert und sollte in keinster Weise zum Nachteil Ihrer Gesundheit gereichen. Konsultieren Sie einen Arzt, bevor Sie mit diesem Ernährungsplan beginnen, um zu gewährleisten, dass er das Richtige für Sie ist.

DANKSAGUNG

Die Fertigstellung und den Erfolg dieses Buches wäre nicht möglich gewesen ohne die Motivation und die Unterstützung meiner Familie.

185 Essens-und Shakerezepte für Gewichtheber, die dich unglaublich aussehen lassen

Erhalte einen geformten und muskulösen Körper in der Hälfte der Zeit!

von

Joseph Correa

Zertifizierter Sport-Ernährungsberater

INHALT

Copyright

Danksagung

Über den Autor

Einleitung

Muskelaufbau-Kalender

Essensrezepte für Gewichtheber

Shakerezepte für Gewichtheber

Abnehm-Kalender

Essensrezepte zum Abnehmen

Saftrezepte zum Abnehmen

Andere großartige Werke des Autors

ÜBER DEN AUTOR

Als zertifizierter Sport-Ernährungsberater und professioneller Sportler, glaube ich wirklich, dass eine richtige Ernährung dir helfen wird, Ziele schneller und effektiver zu erreichen. Mein Wissen und meine Erfahrung haben mir geholfen, über die Jahre hinweg gesünder zu leben. Dieses Wissen habe ich zudem mit meiner Familie und Freunden geteilt. Je mehr du über gesunden Essen und Trinken weißt, desto schneller wirst du dein Leben und deine Ess-Gewohnheiten ändern wollen.

Erfolgreich darin zu sein, dein Gewicht zu kontrollieren, ist wichtig, da es alle Aspekte deines Lebens verbessern wird.

Ernährung ist der Schlüssel im Prozess in bessere Form zu kommen. Das ist es, worum es in diesem Buch geht.

EINLEITUNG

185 Essens-und Shakerezepte für Gewichtheber, die dich unglaublich aussehen lassen werden dir helfen, deinen Ernährungsplan mit Proteinen anzureichern und die Fett-Zufuhr zu reduzieren. Dies führt zu einem muskulösen und durchtrainierten Körper. Diese Essens- und Shakerezepte in Verbindung mit dem Kalender werden dir helfen, Muskelmasse aufzubauen und Fett schneller und organisierter zu verbrennen, so dass du planen kannst, was du isst und wann.

Stell sicher, dass du weißt, was du isst, indem du es selbst zubereitest oder jemand dir es zubereitet.

Das Buch wird dir helfen:

-Muskelmassen aufzubauen um größer und stärker zu wirken.

-überschüssiges Fett in deinem Körper loszuwerden.

-mehr Energie während des Trainings zu haben.

-deinen Stoffwechsel auf natürliche Weise zu beschleunigen.

-zu verbessern, wie du aussieht und wie du dich fühlst.

Joseph Correa ist ein zertifizierter Sport-Ernährungsberater und professioneller Sportler.

MUSKELAUFBAU-KALENDER

Woche 1:

Tag 1:

Frühaufsteher-Frühstück

Snack: Heidelbeer-Joghurt

Thunfisch-Burger und Salat

Snack: Kirschtomaten mit Ziegenkäse

Proteinschüssel nach mexikanischer Art

Tag 2:

Heidelbeer-Zitronen-Pfannkuchen

Snack: Avocado auf Toast

Würzige Rindersteak-Kebabs

Snack: Apfel und Erdnussbutter

Mediterraner Fisch

Tag 3:

Schüssel voller Kraft

Snack: Joghurt mit tropischen Früchten

Gefüllte Hühnerbrust mit braunem Reis

Snack: Paprika mit Ziegenkäse

Veganer freundliches Abendessen

Tag 4:

Mandelmilch-Smoothie

Snack: Tasse Popcorn

Pollack umhüllt mit Pancetta und Kartoffeln

Snack: Joghurt mit getrockneten Goji Beeren

Hummer in Knoblauch

Tag 5

Griechischer Joghurt mit Leinsamen und Apfel

Snack: Reiswaffel mit Erdnussbutter

Gebackter Lachs mit gegrilltem Spargel

Snack: Selleriestangen mit Ziegenkäse und grünen Oliven

Hühnchen mit Avocado-Salat

Tag 6:

Frühstücks-'Pizza'

Snack: Griechischer Joghurt mit Erdbeeren

Chicken Caesar Wraps

Snack: Geröstete Kichererbsen

Scharfer Kabeljau

Tag 7:

Paprikaringe mit 'frittierter Maisgrütze'

Snack: Nüsse-Mix

Rindfleisch und Broccoli-Nudeln

Snack: Schinken und Selleriestangen

Rucola-Hühnchen-Salat

Woche 2

Tag 1:

Molkenprotein-Muffins

Snack: Avocado auf Toast

Krabben und Zucchini-Linguine-Nudelsalat

Snack: Apfel und Erdnussbutter

Tofu-Burger

Tag 2:

Mexikanisches Mocha-Frühstück

Snack: Joghurt mit getrockneten Goji-Beeren

Forelle mit Kartoffelsalat

Snack: Tasse Popcorn

Hühnchen mit Ananas und Paprika

Tag 3:

Geräucherter Lachs und Avocado mit Toast

Snack: Kirschtomaten mit Ziegenkäse

Scharfes Huhn

Snack: Heidelbeer-Joghurt

Gegrillte Pilze und Zucchini-Burger

Tag 4:

Früchte-Erdnussbutter-Smoothie

Snack: Geröstete Kichererbsen

Mexikanisches Bohnen-Chili

Snack: Griechischer Joghurt mit Erdbeeren

Hühnchen süß-sauer

Tag 5:

Protein-gepacktes Gerangel

Snack: Paprika mit Ziegenkäse

Puten-Hackbällchen mit Vollkorn-Couscous

Snack: Joghurt mit Tropischen Früchten

Heilbutt in Dijon-Senf

Tag 6:

Kürbiskuchen-Protein-Pfannkuchen

Snack: Schinken und Selleriestangen

Mediterraner Reis

Snack: Nüsse-Mix

Thunfisch-Sandwich

Tag 7:

Thunfisch gefüllt mit Paprika

Snack: Selleriestangen mit Ziegenkäse und grünen Oliven

Pasta mit Hackbällchen und Salat

Snack: Reiswaffel mit Erdnussbutter

Sushi-Platte

Woche 3

Tag 1:

Proteinreiche Haferflocken

Snack: Tasse Popcorn

Gefüllte Eier mit Pita-Brot

Snack: Apfel und Erdnussbutter

Hühnchen-Blechkuchen

Tag 2:

Frühaufsteher-Frühstück

Snack: Avocado auf Toast

Rindfleisch und Broccoli-Nudeln

Snack: Joghurt mit getrockneten Goji-Beeren

Hummer in Knoblauch

Tag 3:

Schüssel voller Kraft

Snack: Griechischer Joghurt mit Erdbeeren

Chicken Caesar Wraps

Snack: Kirschtomaten mit Ziegenkäse

Mediterraner Fisch

Tag 4:

Heidelbeer-Zitronen-Pfannkuchen

Snack: Geröstete Kichererbsen

Gebackter Lachs mit gegrilltem Spargel

Snack: Heidelbeer-Joghurt

Rucola-Hühnchen-Salat

Tag 5:

Griechischer Joghurt mit Leinsamen und Apfel

Snack: Schinken und Selleriestangen

Thunfisch-Burger und Salat

Snack: Joghurt mit Tropischen Früchten

Hühnchen mit Avocado-Salat

Tag 6:

Paprikaringe mit 'frittierter Maisgrütze'

Snack: Paprika mit Ziegenkäse

Gefüllte Hühnerbrust mit braunem Reis

Snack: Nüsse-Mix

Scharfer Kabeljau

Tag 7:

Mandelmilch-Smoothie

Snack: Reiswaffel mit Erdnussbutter

Würzige Rindersteak-Kebabs

Snack: Selleriestangen mit Ziegenkäse und grünen Oliven

Proteinschüssel nach mexikanischer Art

Woche 4

Tag 1:

Frühstücks-'Pizza'

Snack: Griechischer Joghurt mit Erdbeeren

Pollack umhüllt mit Pancetta und Kartoffeln

Snack: Tasse Popcorn

Veganer freundliches Abendessen

Tag 2:

Mexikanischer Mocha-Frühstück

Snack: Kirschtomaten mit Ziegenkäse

Mediterraner Reis

Snack: Apfel und Erdnussbutter

Gegrillte Pilze und Zucchini-Burger

Tag 3:

Früchte-Erdnussbutter-Smoothie

Snack: Avocado auf Toast

Krabben und Zucchini-Linguine-Nudelsalat

Snack: Heidelbeer-Joghurt

Hühnchen süß-sauer

Tag 4:

Kürbiskuchen-Protein-Pfannkuchen

Snack: Joghurt mit getrockneten Goji-Beeren

Scharfes Huhn

Snack: Geröstete Kichererbsen

Heilbutt in Dijon-Senf

Tag 5:

Geräucherter Lachs und Avocado mit Toast

Snack: Schinken und Selleriestangen

Pasta mit Hackbällchen und Salat

Snack: Nüsse-Mix

Tofu-Burger

Tag 6:

Proteinreiche Haferflocken

Snack: Paprika mit Ziegenkäse

Mexikanisches Bohnen-Chili

Snack: Joghurt mit Tropischen Früchten

Sushi-Platte

Tag 7:

Protein-gepacktes Gerangel

Snack: Reiswaffel mit Erdnussbutter

Forelle mit Kartoffelsalat

Snack: Griechischer Joghurt mit Erdbeeren

Hühnchen-Blechkuchen

2 zusätzliche Tage für einen vollen Monat:

Tag 1:

Molkenprotein-Muffins

Snack: Selleriestangen mit Ziegenkäse und grünen Oliven

Puten-Hackbällchen mit Vollkorn-Couscous

Snack: Apfel und Erdnussbutter

Thunfisch-Sandwich

Tag 2:

Thunfisch gefüllt mit Paprika

Snack: Heidelbeer-Joghurt

Gefüllte Eier mit Pita-Brot

Snack: Nüsse-Mix

Hühnchen mit Ananas und Paprika

ESSENSREZEPTE FÜR GEWICHTHEBER

FRÜHSTÜCK

1. Frühaufsteher-Frühstück

Reiß deinen Körper aus einem katabolischen Zustand heraus und bring ihn in einen Muskel aufbauenden Zustand mit diesem proteinreichen, kohlehydrathaltigen, ofengebackenen Frühstück. Grapefruit und Spargel stellen sicher, dass du mehr als die Hälfte deiner täglichen Vitamin C Dosis zu dir nimmst.

Zutaten (1 Portion):

6 Eiweiße

½ Tasse gekochte Hirse und brauner Reis Mischung

3 Spargelspitzen, geschnitten

½ pinke Grapefruit

1 kleine rote Paprika, in Streifen geschnitten

1 Prise geschmacksloses Molkenproteinpulver

1 Knoblauchzehe, gehackt

Olivenöl-Spray

Pfeffer, Salz

Zubereitungszeit: 10 min

Kochzeit: 15-20 min

Zubereitung:

Heiz den Ofen auf 200°C Umluft /Gas 6 vor. Besprüh eine gusseiserne Backform mit etwas Olivenöl.

Verquirle in einer mittelgroßen Schüssel die Eier mit etwas Salz und Pfeffer, bis sie schaumig sind.

Gib die gekochte Hirse-brauner Zucker-Mischung in die Backform. Füge zuerst das Eiweißpulver und anschließend die Spargel- und Paprika-Stücke den Eiern hinzu.

Backe das Ganze im Ofen für 15 bis 20 Minuten oder bis die Eier gekocht sind.

Nährwert pro Portion: 407kcal, 52g Proteine, 40g Kohlenhydrate (5g Ballaststoffe, 8g Zucker), 2g Fette, 15% Calcium, 12% Eisen, 19% Magnesium, 26% Vitamin A, 63%

Vitamin C, 48% Vitamin K, 12% Vitamin B1, 69% Vitamin B2, 26% Vitamin B9.

2. Schüssel voller Kraft

Ein Frühstück mit einem angepassten Namen, die Schüssel voller Kraft kombiniert proteinreiche Eier mit energiegeladenen Haferflocken. Die Walnüsse fügen dem Ganzen gesunde Fette und die Honigspritzer ein Hauch von Süße hinzu.

Zutaten (1 Portion):

6 Eiweiße

½ Tasse instant-Haferflocken, gekocht

1/8 Tasse Walnüsse

¼ Tasse Beeren

1 Teelöffel Naturhonig

Zimt

Zubereitungszeit: 10 min

Kochzeit: 5 min

Zubereitung:

Verquirle die Eiweiße, bis sie schaumig sind und koche sie in einer Bratpfanne bei mittlerer Hitze.

Vereine die Haferflocken und die Eiweiße in einer Schüssel. Füge Zimt und Naturhonig hinzu und vermische alles.

Garnier das Ganze mit Beeren, Bananen und Walnüssen.

Nährwert pro Portion: 344kcal, 30g Proteine, 33g Kohlenhydrate (3g Ballaststoffe, 23g Zucker), 11g Fette (2 gesättigte), 10% Eisen, 15% Magnesium, 10% Vitamin B1, 11% Vitamin B2, 15% Vitamin B5.

3. Mit Thunfisch gefüllte Paprika

Das ist ein schnelles und nahrhaftes Rezept, das eine enorme Summe an B12 liefert. Da Thunfisch voller Proteine ist, ist es eine exzellente Option für ein Frühstück, das Muskeln aufbaut. Wenn du willst, füge einige Kohlehydrate zu deiner Mahlzeit hinzu, ein Stück Vollkorn-Toast ist eine gute Wahl.

Zutaten (2 Portionen):

2 Dosen Thunfisch in Wasser (185g), halb getrocknet

3 hartgekochte Eier

1 Frühlingszwiebel, fein gehackt

5 kleine Essiggurken, gewürfelt

Salz, Pfeffer

4 Paprika, halbiert, von Kernen befreit

Vorbereitungszeit: 5 min

Kochzeit: 10 min

Zubereitung:

Gib den Thunfisch, die Eier, die Frühlingszwiebeln, die Essiggurken und die Gewürze in einen Mixer und vermische sie, bis sie flüssig sind.

Füll die Paprikahälften mit der Mischung und serviere sie.

Nährwert pro Portion: 480kcal, 46g Proteine, 16g Fette (4g gesättigt), 8g Kohlehydrate (2g Ballaststoffe, 4g Zucker),

28% Magnesium, 94% Vitamin A, 400% Vitamin C, 12% Vitamin E, 67% Vitamin K, 18% Vitamin B1, 32% Vitamin B2, 90% Vitamin B3, 20% Vitamin B5, 56% Vitamin B6, 18% Vitamin B9, 284% Vitamin B12.

4. Griechischer Joghurt mit Leinsamen und Apfel

Mach Schluss mit dem traditionellen Eiweiß-Muskelbildner-Frühstück und versuche eine proteinreichen griechischen Joghurt, der mit Äpfel verfeinert wurde. Verwende ganze Leinsamen um deinen Ballaststoff-Einnahme zu maximieren und lege sie über Nacht in Wasser ein. Dadurch werden sie weich und leicht verdaulich.

Zutaten (1 Portion):

1 Tasse griechischer Joghurt

1 Apfel, dünn geschnitten

2 Esslöffel Leinsamen

¼ Teelöffel Zimt

1 Teelöffel Honigkraut

Eine Prise Salz

Zubereitungszeit: 5 min

Kochzeit: 45 min

Zubereitung:

Heize den Ofen auf 190°C Umluft/Gas 5 vor. Gib den geschnittenen Apfel in eine teflonbeschichtete Pfanne, streu Zimt, Honigkraut und eine Prise Salz darüber. Leg den Deckel auf die Pfanne und backe das Ganze für 45 Minuten bzw. bis er weich ist. Nimm sie aus dem Ofen und lass sie 30 Minuten auskühlen.

Gib den griechischen Joghurt in eine Schüssel und füge die Äpfel und Leinsamen dazu. Serviere das Gericht anschließend.

Nährwert pro Portion: 422kcal, 22g Proteine, 39g Kohlehydrate (7g Ballaststoffe, 22 g Zucker), 21g Fette (8 g gesättigt), 14% Calcium, 22% Magnesium, 14% Vitamin C, 24% Vitamin B1, 13% Vitamin B12.

5. Paprikaringe mit 'frittierter Maisgrütze'

Ein leckeres und besonders aussehendes Gericht, die Paprika-Ringe mit 'fitter Maisgrütze' heizt deine Muskeln an und stärkt sie über den Tag hinweg. Voller Farbe und Nährstoffe ist dieses Frühstück reich an Vitamin B1.

Zutaten (1 Portion):

6 Eiweiße

2 Eier

¼ Tasse brauner Farina-Reis

1 Tasse frischer Spinat

½ grüne Paprika

1 Tasse Kirschtomaten

Olivenöl-Spray

Salz, Pfeffer

Zubereitungszeit: 10 min

Kochzeit: 15 min

Zubereitung:

Verquirle das Eiweiß mit einer Prise Salz und Pfeffer, bis es schaumig ist. Erhitze Öl in einer teflonbeschichteten Pfanne und koche die Eiweiße sowie den Farina-Reis. Gib Spinat dazu, vermisch alles und koche es, bis der Spinat gewellt ist.

Sprühe etwas Olivenöl in eine Bratpfanne und erhitz es auf mittlerer Stufe. Schneide die Paprika horizontal in 2 Ringe, gib sie in die Bratpfanne und zerbrich die Eier in den Paprika. Lass sie kochen, bis die Eier weiß werden.

Stell die Eier-Farina-Mischung und die gekochten Paprikaringe auf eine Platte und servier das Ganze mit Kirschtomaten.

Nährwert pro Portion: 495kcal, 45g Proteine, 45g Kohlehydrate (3g Ballaststoffe, 7g Zucker), 11g Fette (3g gesättigt), 9% Calcium, 14% Eisen, 20% Magnesium, 35% Vitamin A, 32% Vitamin C, 91% Vitamin B2, 22% Vitamin B5, 12% Vitamin B6, 15% Vitamin B12.

6. Mandelmilch-Smoothie

10 Minuten sind alles, was du brauchst um diesen Vitamin D und B1 reichen Mandelmilch-Smoothie zuzubereiten. Du kannst eine große Kanne davon zubereiten und den Rest im Gefrierschrank aufbewahren. Damit machst du diesen Smoothie zu einer perfekten Wahl für ein schnelles Frühstück to go.

Zutaten (2 Zutaten):

1 Tasse Mandelmilch

1 Tasse gefrorener Beeren

1 Tasse Spinat

1 Portion Proteinpulver mit Bananengeschmack

1 Esslöffel Chia-Salbei

Zubereitungszeit: 10 min

Keine Kochzeit

Zubereitung:

Gib alle Zutaten in einen Mixer, bis sie flüssig sind. Schütte zwei Gläser aus und serviere den Smoothie.

Nährwert pro Portion: 295kcal, 26g Proteine, 32g Kohlehydrate (4g Ballaststoffe, 13g Zucker), 9g Fette, 40% Calcium, 20% Eisen, 12% Magnesium, 50% Vitamin A, 40% Vitamin C, 25% Vitamin D, 57% Vitamin E, 213% Vitamin B1, 18% Vitamin B9.

7. Kürbiskuchen-Protein-Pfannkuchen

Vergiss Fluor und versuche Hafer-Pfannkuchen mit einer geschmackvollen Note von frischem Kürbis. Top das Ganze mit einer kalorienarmen Sirup und genieße ein proteinreiches Frühstück, das genauso gut schmeckt wie ein weizenhaltiges.

Zutaten (1 Portion):

1/3 Tasse Hafer

¼ Tasse Kürbis

½ Tasse Eiweiß

1 Prise Zimt-Proteinpulver

½ Teelöffel Zimt

Olivenöl-Spray

Zubereitungszeit: 5 min

Kochzeit: 5 min

Zubereitung:

Gib alle Zutaten zusammen in eine Schüssel. Besprüh eine mittelgroße Bratpfanne mit Olivenöl. Stelle sie anschließend bei mittlerer Hitze auf den Herd.

Gib den Teig in die Pfanne, und wende ihn, sobald sich dünne Blasen auf dem Pfannkuchen bilden. Wenn jede Seite goldbraun ist, nimm den Pfannkuchen heraus und serviere ihn.

Nährwert pro Portion: 335kcal, 39g Proteine, 37g Kohlehydrate (6g Ballaststoffe, 1 g Zucker), 6g Fette, 14% Calcium, 15% Eisen, 26% Magnesium, 60% Vitamin A, 26% Vitamin B1, 37% Vitamin B2, 10% Vitamin B5, 31% Vitamin B6.

8. Proteinreiche Haferflocken

Eine herzhafte Mahlzeit mit vielen Kohlehydrate, die dich für Stunden gesättigt sein lassen, während Proteinpulver und Mandeln für einen proteinreichen Start in den Tag sorgen. Wenn du deine Haferflocken mit einen fruchtigen Geschmack bevorzugst, verwende Proteinpulver mit Bananengeschmack.

Zutaten (1 Portion):

2 Pakete instant-Haferflocken (28g je Paket)

¼ Tasse gemahlener Mandeln

1 Prise Molkenproteinpulver mit Vanillegeschmack

1 Esslöffel Zimt

Zubereitungszeit: 5 min

Kochzeit: 5 min

Zubereitung:

Gib die Instant-Haferflocken in eine Schüssel, vermische sie mit Proteinpulver und Zimt. Füge heißes Wasser hinzu und rühre alles um. Kröne das Ganze mit gemahlenen Mandeln und serviere es.

Nährwert pro Portion: 436kcal, 33g Proteine, 45g Kohlehydrate (10g Ballaststoffe, 4g Zucker), 15g Fette (1g gesättigt), 17% Calcium, 19% Eisen, 37% Magnesium, 44% Vitamin E, 21% Vitamin B1, 21% Vitamin B2.

9. Protein gepacktes Gerangel

Füttere deine Muskeln und vollziehe ein intensives Workout mit dieser 51g Proteinmahlzeit. Diese Rühreier mit Gemüse und Truthahn-Sauce haben den erheblichen Vorteil, dass sie vollgeladen sind mit Kohlehydraten und zudem noch einer hohen Anzahl an Vitaminen.

Zutaten (1 Portion):

8 Eiweiße

2 Würfel Truthahn-Sauce, zerkleinert

1 große Zwiebel, gewürfelt

1 Tasse roter Paprika, gewürfelt

2 Tomaten, gewürfelt

2 Tasse frischer Spinat, gehackt

1 Teelöffel Olivenöl

Salz und Pfeffer

Zubereitungszeit: 10 min

Kochzeit: 10-15 min

Zubereitung:

Verquirle die Eiweiße mit einer Prise Salz und Pfeffer, bis sie schaumig sind. Stell sie dann zur Seite.

Erhitze das Öl in einer teflonbeschichteten Pfanne, verteile die Zwiebeln und Pfeffer darauf und brate alles kurz im Fett an, bis sie weich sind. Würze alles mit Salz und Pfeffer. Füge die Truthahn-Sauce hinzu und koche alles, bis es goldbraun ist. Senke dann die Hitze und füge die Eiweiße hinzu. Rühre alles um.

Wenn die Eier fast fertig sind, gib die Tomate und den Spinat dazu. Koche alles 2 Minuten und serviere es.

Nährwert pro Portion: 475kcal, 51g Proteine, 37g Kohlehydrate (10g Ballaststoffe, 18g Zucker), 10g Fette (2g gesättigt), 14% Calcium, 23% Eisen, 37% Magnesium, 255% Vitamin A, 516% Vitamin C, 25% Vitamin E, 397% Vitamin K, 22% Vitamin B1, 112% Vitamin B2, 29% Vitamin B3, 19% Vitamin B5, 51% Vitamin B6, 65% Vitamin B9.

10. Früchte-Erdnussbutter-Smoothie

Welche bessere Art gibt es um deine täglichen Calcium-Bedarf zu decken als mit diesem Smoothie in Erdbeer-Geschmack? Reich an Mineralien, Vitaminen, Proteinen und Energie entfachenden Kohlehydraten ist dieser Smoothie die perfekte Art und Wiese für einen schnellen Start in den Tag.

Zutaten (1 Portion):

15 mittelgroße Erdbeeren

1 1/3 Esslöffel Erdnussbutter

85g Tofu

½ Tasse fettfreier Joghurt

¾ Tasse fettreduzierte Milche

1 Portion Proteinpulver

8 Eiswürfel

Zubereitungszeit: 5min

Keine Kochzeit

Zubereitung:

Gieße die Milch in einen Mixer, anschließend den Joghurt und die restlichen Zutaten. Verrühr alles, bis die Mischung komplett vermengt und schaumig ist. Füll es in ein Glas und serviere es.

Nährwert pro Portion: 472kcal, 45g Proteine, 40g Kohlehydrate (6g Ballaststoffe, 31g Zucker), 13g Fette (4g gesättigt), 110% Calcium, 35% Eisen, 27% Magnesium, 30% Vitamin A, 190% Vitamin C, 11% Vitamin E, 13% Vitamin B1, 24% Vitamin B2, 10% Vitamin B5, 18% Vitamin B6, 17% Vitamin B9, 12% Vitamin B12.

11. Molkenprotein-Muffins

Mit einer gesunden Dosis an Hafer und einem schokoladigen Geschmack von Molkenprotein-pulver sind diese Muffins eine wahre Frühstücks-Alternative zum gewöhnlichen Hafer. Gepaart mit einem Glas Milch stellt diese Mahlzeit sicher, dass du eine große Menge an Calcium und Vitamin D zu dir nimmst – nicht zu vergessen die netten Proteine und Kohlehydrate.

Zutaten (4 Muffins-2 Portionen):

1 Tasse kernige Haferflocken

1 großes, ganzes Ei

5 große Eiweiße

½ Portion Molkenproteinpulver in Schokoladen-geschmack

Olivenöl-Spray

2 Tassen fettreduzierte Milch, zum Servieren

Zubereitungszeit: 2 min

Kochzeit: 15 min

Zubereitung:

Heiz den Ofen auf 190 °C Umluft/ Gas 5 vor.

Mixe alle Zutaten zusammen für 30 Sekunden. Besprüh die Muffin-Form leicht mit Olivenöl und befülle vier Förmchen. Stell die Form für 15 Minuten in den Backofen.

Nimm die Muffins aus dem Ofen, lass sie auskühlen und serviere sie mit einem Glas Milch.

Nährwert pro Portion (inklusive Milch): 330kcal, 28g Proteine, 37g Kohlehydrate (9g Ballaststoffe, 13g Zucker), 6g Fette (5g gesättigt, 37% Calcium, 22% Eisen, 19% Magnesium, 12% Vitamin A, 34% Vitamin D, 44% Vitamin B1, 66% Vitamin B2, 25% Vitamin B5, 11% Vitamin B6, 24% Vitamin B12.

12. Geräucherter Lachs und Avocado mit Toast

Bist du gerade auf dem Weg zu einem anstrengenden Workout und hast keine Zeit? Es dauert nur 5 Minuten, dieses schmackhafte Frühstück zusammen zu stellen. Sowohl Lachs als auch Avocado sind reich an gesunden Säuren. Diese Mahlzeit hat genug Proteine und Kohlehydrate, damit du motiviert bleibst.

Zutaten (2 Portionen):

300g geräucherter Lachs

2 mittelgroße, reife Avocados, entkernt und geschält

Saft von einer ½ Zitrone

Eine Hand voll Estragon-Blätter, gehackt

2 Scheiben Vollkornbrot, getoastet

Zubereitungszeit: 5 min

Keine Kochzeit

Zubereitung:

Schneide die Avocados in Stücke und press den Zitronensaft aus. Rolle und falte die Scheiben geräucherter

Lachs, lege sie auf Servierplatten, bestreue sie mit Avocado und Estragon. Serviere das Ganze mit einer Scheibe Vollkorntoast.

Nährwert pro Portion: 550kcal, 34g Proteine, 37g Kohlehydrate (12g Ballaststoffe, 4g Zucker), 30g Fette (5g gesättigt), 17% Eisen, 24% Magnesium, 25% Vitamin C, 27% Vitamin E, 42% Vitamin K, 16% Vitamin B1, 24% Vitamin B2, 55% Vitamin B3, 35% Vitamin B5, 40% Vitamin B6, 35% Vitamin B9, 81% Vitamin B12.

13.   Frühstücks-'Pizza'

Vergiss die kalorienreiche, nicht nahrhaften Pizza-stücke und ersetze sie mit dieser leckeren Alternative. Gesund und sättigend benötigt man nur 20 Minuten um diese Mahlzeit zuzubereiten. Dabei ist sie nicht nur reich an Proteinen, sondern auch an Mineralien und Vitaminen.

Zutaten (1 Portion):

1 kleines Vollkorn-Fladenbrot

3 Eiweiße

1 Ei

¼ Tasse fettreduzierter Mozzarella

1 Frühlingszwiebel, gewürfelt

¼ Tasse Pilze, gewürfelt

¼ Tass Paprika, gewürfelt

2 Scheiben Puten-Schinken, geschnitten

1 Teelöffel Olivenöl

Salz und Pfeffer

Zubereitungszeit: 10 min

Kochzeit: 10 min

Zubereitung:

Verquirle die Eier mit einer Prise Salz und Pfeffer und füge das gewürfelte Gemüse hinzu.

Falte die Enden des Fladenbrotes um eine Schüssel zu erhalten. Bestreihe beide Ränder mit Olivenöl und schiebe das Fladenbrot mit der Kuppel nach unten in den Backofen. Backe es, bis es goldbraun ist, dann drehe es auf die andere Seite.

Gieße den Eier-Mix in das Fladenbrot und koche die Eier, bis sie gar sind. Füge Puten-Schinken, Frühlingszwiebel und Käse hinzu. Koche alles, bis der Käse zerschmolzen ist und serviere alles.

Nährwert pro Portion: 350kcal, 33g Proteine, 12g Kohlehydrate (3g Ballaststoffe, 4g Zucker), 15g Fette (6 gesättigt, 32% Calcium, 19% Eisen, 15% Magnesium, 36% Vitamin A, 88% Vitamin C, 72% Vitamin K, 21% Vitamin B1, 71% Vitamin B2, 22% Vitamin B3, 14% Vitamin B5, 21% Vitamin B6, 25% Vitamin B9, 29% Vitamin B12.

14. Mexikanisches Mokka-Frühstück

Garnier deine Lieblingstasse Haferflocken mit einer gesunden Zugabe von Mandelmilch und genieß ein schnell zubereitetes und Ballaststoff reiches Frühstück. Der Cayenne-Pfeffer ist perfekt, um deinen Haferflocken ein kleines Ahhhhh zuzufügen.

Zutaten (1 Portion):

½ Tasse kernige Haferflocken

1 Portion Schokolade-Proteinpulver

½ Esslöffel Zimt

½ Teelöffel Cayenne-Pfeffer

1 Tasse ungesüßte Mandelmilch

1 Esslöffel ungesüßtes Kakaopulver

Zubereitungszeit: 5 min

Kochzeit: 3 min

Zubereitung:

Mische alle Zutaten in einer Mikrowellen geeigneten Schüssel. Erhitze alles für 2,5 bis 3 Minuten in der Mikrowelle und serviere es.

Nährwert pro Portion: 304kcal, 27g Proteine, 38g Kohlehydrate (8g Ballaststoffe, 3g Zucke), 7g Fette, 32% Calcium, 15% Eisen, 25% Magnesium, 10% Vitamin A, 25% Vitamin D, 51% Vitamin E, 12% Vitamin B1.

15. Heidelbeer-Zitronen-Pfannkuchen

Ein warmes und sättigendes Frühstück – dieser Heidelbeer-Pfannkuchen mit Zitronengeschmack ist eine einfache und geschmackvolle Art, die stärkende Mahlzeit zu erhalten, die du brauchst, um in den Tag zu starten. Gib einen Esslöffel griechischer Joghurt auf deinen Pfannkuchen, wenn du magst.

Zutaten (1 Portion):

1/3 Tasse Haferkleie

5 Eiweiße

½ Tasse Heidelbeeren

1 Portion geschmackloses Molkenproteinpulver

½ Teelöffel Back-Natron

1 Teelöffel geriebene Zitronenschale

1 Esslöffel Zitronensaft

Olivenöl-Spray

Zubereitungszeit: 5 min

Kochzeit: 5 min

Zubereitung:

Vermenge alle Zutaten in einer großen Schüssel, mische sie und rühre sie um, bis sie geschmeidig sind.

Koche den Teig in einer eingefetteten Pfanne bei mittlerer Temperatur, bis sich Blasen auf der Oberfläche bilden. Wende ihn und brate jede Seite, bis sie goldbraun ist. Nimm den Pfannkuchen heraus und serviere ihn.

Nährwert pro Portion: 340kcal, 47g Proteine, 37g Kohlehydrate (6g Ballaststoffe, 14g Zucker), 5g Fette, 10% Eisen, 25% Magnesium, 12% Vitamin C, 19% Vitamin K, 26% Vitamin B1, 58% Vitamin B2.

MITTAGESSEN

16. Mediterranen Reis

Verwandle die langweilige Thunfisch-Dose in ein leckeres Gericht, das der perfekte Start für einen Nachmittag voller Übungen ist. Die hohe Menge an Kohlehydraten wird dir genügend Energie für dein Workout liefern und die Proteine stellen sicher, dass deine Muskeln nach der Anstrengung wieder zu Kräften kommen.

Zutaten (1 Portion):

1 Dose Thunfisch in Öl, abgeschöpft

100g brauner Reis

¼ Avocado, gewürfelt

¼ rote Zwiebel, geschnitten

Saft von ½ Zitrone

Salz und Pfeffer

Zubereitungszeit: 5 min

Kochzeit: 20 min

Zubereitung:

Erhitze den braunen Reis für ungefähr 20 Minuten und gib ihn anschließend in eine Schüssel mit Zwiebeln, Thunfisch und Avocado. Füg den Zitronensaft hinzu und vermische alle Zutaten. Würze alles mit Salz und Pfeffer, schmecke es ab und serviere es.

Nährwert pro Portion: 590kcal, 32g Proteine, 80g Kohlehydrate (7g Ballaststoffe, 1g Zucker), 14g Fette (5g gesättigt), 22% Eisen, 52% Magnesium, 101% Vitamin D, 18% Vitamin E, 107% Vitamin K, 32% Vitamin B1, 134% Vitamin B3, 26% Vitamin B5, 39% Vitamin B6, 15% Vitamin B9, 63% Vitamin B12.

17. Scharfes Huhn

Huhn ist perfekt für eine proteinreiche, Muskel aufbauende Mahlzeit. Reich an Nährstoffen kann diese einfache und leckere Mahlzeit mit einer Kohlenhydrat-Beilage deiner Wahl kombiniert werden.

Zutaten (2 Portionen):

3 knochenfreie Hühner-Brüste, halbiert

175g fettreduzierter Joghurt

5cm breite Stücke Gurke, fein gehackt

2 Esslöffel Thai rote Currypaste

2 Esslöffel Koriander, gehackt

2 Tassen frischer Spinat, als Beilage

Zubereitungszeit: 5 min

Kochzeit: 35-40 min

Zubereitung:

Heiz den Backofen auf 190°C Umluft/Gas 5 vor. Leg das Huhn eben in eine Schüssel. Misch ein Drittel des Joghurts mit der Currypaste und zwei Drittel Koriander, füge Salz und Pfeffer dazu und gieß alles über das Huhn. Stell sicher, dass das Fleisch gleichmäßig bedeckt ist. Lass es 30 Minuten ziehen (oder stell es über Nacht in den Kühlschrank)

Steck das Huhn auf eine Grillstange in einer Bratform und brate es 35 bis 40 Minuten, bis es goldbraun ist.

Erhitze Wasser in einer Pfanne und lass den Spinat sich darin zusammenfalten.

Mische den restlichen Joghurt und Koriander, füge Gurke dazu und rühre alles um. Gieß die Mischung auf das Huhn und serviere es mit dem gekochten Spinat.

Nährwert pro Portion: 275kcal, 43g Proteine, 8g Kohlehydrate (1g Ballaststoffe, 8g Zucker, 3g Fette (1g gesättigt), 20% Calcium, 15% Eisen, 25% Magnesium, 56% Vitamin A, 18% Vitamin C, 181% Vitamin K, 16% Vitamin B1, 26% Vitamin B2, 133% Vitamin B3, 25% Vitamin B5, 67% Vitamin B6, 19% Vitamin B9, 22% Vitamin B12.

18. Gefüllte Eier mit Pita-Brot

Decke deinen Bedarf an Omega-3-Fettsäuren mit diesem lachshaltigen Gericht. Reich an Vitaminen und Mineralien ist es eine großartige Art und Wiese, um dich mit Energie aufzutanken und gestärkt durch den Tag zu gehen.

Zutaten (2 Portionen):

1 in Wasser eingelegter Lachs aus der Dose (450g)

2 Eier

1 große Frühlingszwiebel, fein geschnitten

2 große Blätter Kopfsalat

10 Kirschtomaten

1 Esslöffel griechischer Joghurt

1 großes Vollkorn-Fladenbrot, halbiert

Meersalz und Pfeffer

Zubereitungszeit: 10 min

Kochzeit: 10 min

Zubereitung:

Koch die Eier, schäle sie und halbiere sie. Entferne anschließend den Eidotter und lege sie in eine Schüssel.

Gib den Lachs aus der Dose in die Schüssel sowie 1 Esslöffel Joghurt, die Frühlingszwiebel und Gewürze. Vermische alle Zutaten und fülle die Eier damit. Serviere das Fladenbrot gefüllt mit Kopfsalat und Tomaten.

Nährwert pro Portion: 455kcal, 45g Proteine, 24g Kohlenhydrate (3g Ballaststoffe, 2g Zucker), 36g Fette (10g gesättigt), 59% Calcium, 22% Eisen, 21% Magnesium, 30% Vitamin A, 24% Vitamin C, 43% Vitamin K, 11% Vitamin B1, 36% Vitamin B2, 60% Vitamin B3, 20% Vitamin B5, 41% Vitamin B6, 20% Vitamin B9, 20% Vitamin B12.

19. Chicken Caesar Wraps

Diese Chicken wraps ergeben eine großartige, tragbare Mahlzeit, die sicherstellt, dass dein Proteinlevel während des ganzen Tages hoch ist. Gib etwas Baby-Spinat dazu und mach daraus ein grüneres Gericht.

Zutaten (1 Portion):

85g Hühnerbrust, gebacken

2 ganze Vollkorn-Tortillas

1 Tasse Kopfsalat

50g fettfreier Joghurt

1 Teelöffel Anchovis-Paste

1 Teelöffel trockenes Senfpulver

1 Knoblauchzehe, gekocht

½ mittelgroße Gurke, gewürfelt

Zubereitungszeit: 5 min

Keine Kochzeit

Zubereitung:

Kombiniere die Anchovis-Paste mit dem Knoblauch und dem Joghurt, rühre um und gib Kopfsalat und die Gurken dazu. Teile die Mischung in 2 Hälften und streich sie auf die Tortillas. Leg anschlie0end das halbe Huhn in jede Tortilla. Wickel es ein und serviere es.

Nährwert pro Portion (2 Tortillas): 460kcal, 41g Proteine, 57g Kohlehydrate (7g Ballaststoffe, 9g Zucker), 10g Fette (2g gesättigt), 11% Calcium, 22% Vitamin K, 13% Vitamin B2, 59% Vitamin B3, 12% Vitamin B5, 29% Vitamin B6, 10% Vitamin B12.

20. Gebackter Lachs mit gegrilltem Spargel

Ein klassisches Gericht, das durch eine Zitronenmarinade und Senf interessanter gemacht wurde. Der gegrillte Lachs passt hervorragend zu den in Knoblauch eingelegten Spargelspitzen. Behandle dich selbst mit einer großartigen Kombination aus Proteinen und Vitaminen.

Zutaten (1 Portion):

140g Wildlachs

1 ½ Tasse Spargel

Marinade:

1 Esslöffel Knoblauch, fein geschnitten

1 Esslöffel Dijon Senf

Saft vom ½ Zitrone

1 Teelöffel Olivenöl

Vorbereitungszeit: 5 min

Kochzeit: 15 min

Zubereitung:

Heiz den Backofen auf 200°C Umluft/Gas 6 vor.

Mische in einer Schüssel den Zitronensaft mit der Hälfte des Knoblauchs, Olivenöl und Senf. Gieß die Marinade über den Lachs und stell sicher, dass er komplett bedeckt ist. Stell den marinierten Lachs für mindestens eine Stunde in den Kühlschrank.

Schneide die Spargelspitzen ab. Stell eine teflonbeschichtete Pfanne auf mittlerer/starke Hitze auf. Lege den Spargel mit dem verbleibenden Knoblauch ein, wende den Spargel dazu auf beiden Seiten und lass ihn für etwa 5 Minuten ziehen.

Leg den Lachs auf Backpapier und backe ihn für 10 Minuten. Serviere ihn anschließend mit dem gegrillten Spargel.

Nährwert pro Portion: 350kcal, 43g Proteine, 7g Kohlehydrate (5g Ballaststoffe, 1 g Zucker), 16g Fette (1 gesättigt), 17% Eisen, 20% Magnesium, 48% Vitamin A, 119% Vitamin C, 17% Vitamin E, 288% Vitamin K, 39% Vitamin B1, 60% Vitamin B2, 90% Vitamin B3, 33% Vitamin B5, 74% Vitamin B6, 109% Vitamin B9, 75% Vitamin B12.

21. Pasta mit Hackfleisch-Bällchen und Spinat

Ein proteinreiches Pasta-Gericht macht das Beste aus der Paarung Rindfleisch und Spinat. Es steckt nicht nur rund um voller Vitamine, sondern es beinhaltet auch eine gesunde Menge an Magnesium, das die Muskelkontraktion reguliert.

Zutaten (2 Portionen):

Für die Hackbällchen:

170g fettarmes Hackfleisch vom Rind

½ Tasse frischer Spinat, zerkleinert

1 Esslöffel Knoblauch, fein geschnitten

¼ Tasse rote Zwiebel, geschnitten

1 Teelöffel Kümmel

Meersalz und Pfeffer

Für Pasta:

100g Weizen-Spinat-Pasta

10 Kirschtomaten

2 Tasse frischer Spinat

¼ Tasse Marinara-Sauce

2 Esslöffel fettreduzierter Parmesan-Käse

Zubereitungszeit: 15 min

Kochzeit: 30 min

Zubereitung:

Heiz den Backofen auf 200°C Umluft/Gas 6 vor.

Mische das Hackfleisch, den frischen Spinat, den Knoblauch, die rote Zwiebel sowie Salz und Pfeffer nach Geschmack. Vermenge das Ganze mit den Händen, bis der Spinat völlig mit dem Fleisch vermischt ist.

Forme zwei oder drei Hackbällchen ungefähr gleicher Größe und leg sie für 10 bis 12 Minuten auf ein Backpapier in den Backofen.

Koch die Nudeln nach Packungsanweisung. Schütte das Nudelwasser ab und rühre die Tomaten, den Spinat und den Käse unter die Nudeln. Füg die Hackbällchen hinzu und serviere alles.

Nährwert pro Portion: 470kcal, 33g Proteine, 50g Kohlehydrate (6g Ballaststoffe, 5g Zucker), 12g Fette (5g gesättigt), 17% Calcium, 28% Eisen, 74% Magnesium, 104% Vitamin A, 38% Vitamin C, 11% Vitamin E, 361% Vitamin K, 16% Vitamin B1, 20% Vitamin B2, 45% Vitamin B3, 11% Vitamin B5, 45% Vitamin B6, 35% Vitamin B9, 37% Vitamin B12.

22. Gefüllte Hühnerbrust mit braunem Reis

Brauner Reis ist eine exzellente Art, qualitätsreiche Kohlehydrate in deine Ernährung einzubringen. Ergänz das mit einer proteinreichen Hühnerbrust und etwas Gemüse, dann hast du ein leckeres und energiereiches Mittagessen.

Zutaten (1 Portion):

170g Hühnerbrust

½ Tasse frischer Spinat

50g brauner Reis

1 Frühlingszwiebel, geschnitten

1 Tomate, geschnitten

1 Esslöffel Feta-Käse

Zubereitungszeit: 10 min

Kochzeit: 30 min

Zubereitung:
Heiz den Backofen auf 190°C Umluft/Gas 5 vor.

Schneide die Hühnerbrust in der Mitte durch, so dass sie aussieht wie ein Schmetterling. Würz das Huhn mit Salz und Pfeffer, öffne es anschließend und füll es mit Spinat, Feta-Käse und Tomaten-Stücke. Falte die Hühnerbrust und verwende einen Zahnstocher, damit alles zusammenhält. Backe die Hühnerbrust für 20 Minuten.

Erhitze den braunen Reis, füg Knoblauch hinzu und gehackte Zwiebel. Befülle eine Platte mit braunem Reis, lege das Huhn darauf und serviere alles.

Nährwert pro Portion: 469kcal, 48g Proteine, 46g Kohlehydrate (5g Ballaststoffe, 6g Zucker), 8g Fette (5g gesättigt), 22% Calcium, 18% Eisen, 38% Magnesium, 55% Vitamin A, 43% Vitamin C, 169% Vitamin K, 28% Vitamin B1, 28% Vitamin B2, 103% Vitamin B3, 28% Vitamin B5, 70% Vitamin B6, 23% Vitamin B9, 17% Vitamin B12.

23. Krabben und Zucchini-Linguine-Nudelsalat

Ein irreführendes Nudelgericht mit einer Portion zerkleinerter Zucchini und gedünsteten Krabben, die mit einem Hauch von Sesam verfeinert werden.

Diese Kombination der Zutaten macht ein leichtes Mittagessen aus mit einem hohen Gehalt an Proteinen.

Zutaten (1 Portion):

170g gedünstete Krabben

1 große Zucchini, geschnitten

¼ Tasse rote Zwiebel, geschnitten

1 Tasse Paprika, in Streifen

1 Esslöffel gebratene Tahini Butter

1 Teelöffel Sesamöl

1 Teelöffel Sesamsamen

Zubereitungszeit: 10 min

Keine Kochzeit

Zubereitung:

Schneide die Zucchini, indem du einen Mixer verwendest, um die Linguine frisch zuzubereiten.

Vermische Tahini und Sesamöl in einer Schüssel.

Gib alle Zutaten in eine große Schüssel, gieß die Tahini Sauce darüber und rühre alles um, um sicher zu gehen, dass alle Zutaten mit der Sauce bedeckt sind. Streu einige Sesamsamen hinein und serviere es.

Nährwert pro Portion: 420kcal, 45g Proteine, 26g Kohlehydrate (10g Ballaststoffe, 12g Zucker), 18g Fette (2g gesättigt), 19% Calcium, 47% Eisen, 48% Magnesium, 33% Vitamin A, 303% Vitamin C, 17% Vitamin E, 31% Vitamin K, 38% Vitamin B1, 36% Vitamin B2, 38% Vitamin B3, 13% Vitamin B5, 66% Vitamin B6, 35% Vitamin B9, 42% Vitamin B12.

24. Puten-Hackbällchen mit Vollkorn-Couscous

Diese Puten-Hackbällchen werden in einer Muffin-Form gebacken und stellen sicher, dass du deine gesättigte Fettsäure-Einnahme minimierst. Pepp sie etwas auf, indem du den Hackbällchen Paprika oder Pilze zufügst anstatt Zwiebel und würz sie mit etwas Bärlauch.

Zutaten (1 Portion):

140g mageres Puten-Hackfleisch

¾ Tasse rote Zwiebel, geschnitten

1 Tasse frischen Spinat

1/3 Tasse natriumarme Marinara-Sauce

½ Tasse Vollkorn-Couscous, gekocht

Gewürze deiner Wahl: Petersilie, Basilikum, Koriander

Pfeffer, Salz

Olivenöl-Spray

Zubereitungszeit: 5 min

Kochzeit: 20 min

Zubereitung:

Heiz den Ofen auf 200°C Umluft/Gas 6 vor.

Würz die Pute mit den Gewürzen deiner Wahl und gib die geschnittene Zwiebel dazu.

Sprüh die Muffin-Form leicht mit Olivenöl ein und leg die Pute in die Förmchen. Garniere jedes Puten-Hackbällchen mit 1 Esslöffel Marinara-Sauce, stell alles in den Backofen und back es 8 bis 10 Minuten.

Serviere das Ganze mit Couscous.

Nährwert pro Portion: 460kcal, 34g Proteine, 53g Kohlehydrate (4g Ballaststoffe, 7g Zucker), 12g Fette (4g gesättigt), 12% Calcium, 15% Eisen, 10% Magnesium, 16% Vitamin A, 15% Vitamin C, 11% Vitamin E, 16% Vitamin K, 11% Vitamin B1, 25% Vitamin B3, 16% Vitamin B6, 11% Vitamin B9.

25. Thunfisch-Burger und Salat

Der Thunfisch-Burger ist reich an Proteinen und Kohlehydraten. Damit ist er eine ausgezeichnete Wahl für ein Tagesgericht zum Workout. Bereite ihn jedes Mal etwas anders zu und wechsele beim Salatdressing zwischen verschiedenen Gemüse und Gewürzen.

Zutaten (1 Portion):

1 Dose Thunfisch-Stücke (165g)

1 Eiweiß

½ Tasse gehackte Pilze

2 Tasse Blattsalat, zerkleinert

¼ Tasse getrockneter Hafer

1 Teelöffel Olivenöl

1 Esslöffel fettreduziertes Salatdressing (deiner Wahl)

Kleiner Zweig Oregano, gehackt

1 mittelgroßes Vollkornbrötchen, halbiert

Zubereitungszeit 10 min

Kochzeit: 10 min

Zubereitung:

Vermenge das Eiweiß, den Thunfisch, den getrockneten Hafer, den Oregano und forme eine Frikadelle.

Erhitz das Öl in einer teflonbeschichteten Pfanne bei mittlerer Hitze, leg die Frikadellen hinein und wende sie von Zeit zu Zeit, um sicher zu gehen, dass sie auf beiden Seiten braun werden.

Schneide das Vollkornbrötchen in 2 Hälften (horizontal) und leg die Frikadelle zwischen die beiden Hälften.

Mische das Gemüse in einer Schüssel, gib das Salatdressing dazu und serviere es als Beilage zum Thunfisch-Burger.

Nährwert pro Person: 560kcal, 52g Proteine, 76g Kohlehydrate (13g Ballaststoffe, 7g Zucker), 10g Fette (1g gesättigt), 11% Calcium, 35% Eisen, 38% Magnesium, 16% Vitamin A, 16% Vitamin K, 35% Vitamin B1, 33% Vitamin B2, 24% Vitamin B3, 28% Vitamin B5, 41% Vitamin B6, 21% Vitamin B9, 82% Vitamin B12.

26. Scharfer Rindersteak-Kebab

Dieser scharfe Kebab wird serviert mit Ofenkartoffeln. Das macht ihn nicht nur zu einer Muskel aufbauenden Mahlzeit, sondern auch eine gute Gelegenheit, das Augenlicht schützende Vitamin A deiner Ernährung zuzufügen. Füg einen Esslöffel eines fettreduzierten Joghurts zu deinen Kartoffeln um sie erfrischender zuzubereiten.

Zutaten (1 Portion):

140g mageres Rindersteak (Spannrippe)

200g Süßkartoffel

1 Paprika, gehackt

½ mittelgroße Zucchini, gehackt

fein gehackter Knoblauch

Pfeffer, Salz

Zubereitungszeit: 15 min

Kochzeit: 55 min

Zubereitung:

Heiz den Ofen auf 200°C Umluft/Gas 6 vor. Pack die Süßkartoffeln in Folie ein, leg sie in den Backofen und backe sie für 45 Minuten.

Schneide das Rindersteak in dünne Streifen, würz es mit Salz, Pfeffer und Knoblauch. Stell den Kebab zusammen, wechsele zwischen Rind, Zucchini und Paprika ab.

Leg den Kebab auf ein Backpapier und backe ich für 10 Minuten. Serviere ihn zusammen mit den Süßkartoffeln.

Nährwert pro Portion: 375kcal, 38g Proteine, 49g Kohlehydrate (9g Ballaststoffe, 12g Zucker), 4g Fette (1g gesättigt), 24% Eisen, 27% Magnesium, 581% Vitamin A, 195% Vitamin C, 21% Vitamin K, 22% Vitamin B1, 28% Vitamin B2, 61% Vitamin B3, 28% Vitamin B5, 92% Vitamin B6, 20% Vitamin B9, 30% Vitamin B12.

27. Forelle mit Kartoffelsalat

Willst du sicherstellen, dass dir kein Vitamin B12 fehlt? Versuch diese gesunde Portion an Forelle gepaart mit einem nahrhaften und vitaminbeladenen, erfrischenden Kartoffelsalat.

Zutaten (2 Portionen):

2*140g Forellen-Filet

250g festkochende Kartoffel, halbiert

4 Teelöffel Joghurt

4 Teelöffel fettreduzierte Mayonnaise

1 Esslöffel Kapern, abgespült

4 kleine Cornichons, geschnitten

2 Frühlingszwiebel, ein geschnitten

¼ Gurke, geschnitten

1 Zitrone, Zitronenschale von einer ½

Zubereitungszeit: 10 min

Kochzeit: 20 min

Zubereitung:

Koch die Kartoffeln in gesalzenem Wasser für 15 Minuten, bis sie weich sind. Schütte das Wasser aus und kühle sie mit kaltem Wasser ab und lass sie wieder abtropfen.

Heiz den Grill.

Misch die Mayonnaise und den Joghurt, würz beides mit Zitronensaft. Gib die Mischung zu den Kartoffeln zusammen mit Kapern, einem Großteil der Frühlingszwiebeln, der Gurke und den Cornichons. Verteile die restlichen Zwiebeln auf den Salat.

Würz die Forelle, leg ihn mit Backpapier auf den Grill - mit der weichen Seite nach unten -, bis er gar ist. Streu Zitronenschale darüber und serviere ihn mit dem Kartoffelsalat.

Nährwert pro Portion: 420kcal, 38g Proteine, 28g Kohlhydrate (3g Ballaststoffe, 6g Zucker), 13g Fette (3g gesättigt), 12% Calcium, 11% Eisen, 22% Magnesium, 29% Vitamin C, 59% Vitamin K, 21% Vitamin B1, 18% Vitamin B2, 12% Vitamin B3, 22% Vitamin B5, 43% Vitamin B6, 18% Vitamin B9, 153% Vitamin B12.

28. Mexikanisches Bohnen-Chili

Als eine proteinreiche Mittags-Mahlzeit, eignet sich dieses Gericht hervorragend, um ein Drittel deines Täglichen Bedarfs an Ballaststoffen zu decken. Obwohl es bereits alleine genug Nährstoffe hat, kann es auch auf einem Berg von braunem Reis serviert werden.

Zutaten (2 Portionen):

250g fein geschnittenes Rindfleisch

200g gebackene Bohnen in der Dose

75ml Rinderfond

½ Zwiebel geschnitten

½ rote Peperoni, geschnitten

1 Teelöffel Chipotle-Paste

1 Teelöffel Olivenöl

½ Teelöffel Chilipulver

1 Tasse brauner Reis, gekocht (optional)

Korianderblätter oder Gewürz

Zubereitungszeit: 5 min

Kochzeit: 45 min

Zubereitung:

Erhitze das Öl in einer teflonbeschichteten Pfanne bei mittlerer Hitze. Brate anschließend die Zwiebeln und die roten Peperoni an, bis sie weich sind. Erhöhe die Hitze, füg Chilipulver dazu und koch alles für 2 Minuten, bevor du das fein geschnittene Rindfleisch dazu gibst. Koch alles, bis es braun wird und alle Flüssigkeit ausgetreten ist.

Gib den Rinderfond, die gebackenen Bohnen und die Chipotle-Paste dazu. Lass alles bei geringer Hitze 20 Minuten kochen, würze dann alles und garnier es mit Korianderblättern. Serviere das Ganze mit braunem Reis.

Nährwert pro Portion (ohne Reis): 402kcal, 34g Proteine, 19g Kohlehydrate (5g Ballaststoffe, 10g Zucker), 14g Fette (5g gesättigt), 29% Eisen, 15% Magnesium, 42% Vitamin C, 11% Vitamin B1, 16% Vitamin B2, 34% Vitamin B3, 40% Vitamin B6, 18% Vitamin B9, 52% Vitamin B12.

½ Tasse Reis: 108kcal

29. Rindfleisch und Broccoli-Nudeln

Als ein praktisches, leckeres Gericht brauchen die Rindfleisch und Broccoli Nudeln nur 20 Minuten Zubereitungszeit. Damit ist es eine gute Wahl für einen vollen Tag. Du kannst die Nudeln mit einigen Scheiben roter Chili servieren, um dem Ganzen eine extra Schärfe zu verleihen.

Zutaten (2 Portionen):

2 Tassen Eiernudeln

200g kurz angebratene Rinderstreifen

1 Frühlingszwiebel, geschnitten

½ Kopf Broccoli, kleine Bünde

1 Teelöffel Sesamöl

Für die Sauce:

1 ½ Esslöffel salzarme Soja-Sauce

1 Teelöffel Tomatenketchup

1 Knoblauchzehe, gerieben

1 Esslöffel Austernsauce

¼ Ingwer, fein gerieben

1 Teelöffel Weißwein-Essig

Zubereitungszeit: 10 min

Kochzeit: 10 min

Zubereitung:

Vermische die Zutaten für die Sauce. Erhitz die Nudeln nach Packungsanweisung. Gib den Broccoli dazu, wenn sie fast fertig sind. Lass sie für einige Minuten kochen und schütte anschließend das Wasser ab.

Erhitz das Öl in einem Wok, bis es sehr heiß ist. Brate dann das Rindfleisch für 2 bis 3 Minuten kurz darin an, bis es braun ist. Gib die Sauce dazu, lass es aufkochen und anschließend bei mittlerer Hitze köcheln, bevor du den Herd ausschaltest.

Gib das Rindfleisch zu den Nudeln, garnier das Ganze mit Frühlingszwiebeln und serviere es direkt.

Nährwert pro Person: 352kcal, 33g Proteine, 39g Kohlehydrate (5g Ballaststoffe, 5g Zucker), 9g Fette (2g gesättigt), 20% Eisen, 20% Magnesium, 20% Vitamin A, 224% Vitamin C, 214% Vitamin K, 14% Vitamin B1, 19%

Vitamin B2, 43% Vitamin B3, 18%, Vitamin B5, 50% Vitamin B6, 31% Vitamin B9, 23% Vitamin B12.

30. Pollack umhüllt mit Pancetta und Kartoffeln

Dieses leichte und frisch schmeckende Gericht liefert viel Energie und ist reich an Proteinen. Dadurch ist es die ideale Wahl für ein Mittagessen. Der Pollack kann durch einen anderen weißen Fisch ersetzt werden, während statt der Oliven auch sonnengetrocknete Tomaten verwendet werden können.

Zutaten (2 Portionen):

2* 140g Pollack-Filets

4 Scheiben Pancetta

300g frische Kartoffeln

100g grüne Bohnen

30g Kalamata-Oliven

Saft und Schale von 1 Zitrone

2 Esslöffel Olivenöl

Einige Estragon-Zweige, Blätter abzupfen

Zubereitungszeit: 10 min

Kochzeit: 15 min

Zubereitung:

Heiz den Backofen auf 200°C Umluft/Gas 6 vor. Erhitz die Kartoffeln für 10 bis 12 Minuten, bis sie weich sind. Gib die Bohnen für die letzte 2 bis 3 Minuten dazu. Schütte anschließend das Wasser ab, schneide die Kartoffeln in der Mitte durch und leg sie in eine Backform. Dazu kommen die Oliven, die Zitronenschale, das Öl sowie die Gewürze.

Würze den Fisch und wickeln ihn in der Pancetta ein. Leg sie anschließend auf die Kartoffeln. Backe alles für 10 bis 12 Minuten, bis es gut durch ist. Füge dann den Zitronensaft dazu, garniere alles mit Estragon und serviere es.

Nährwert pro Portion: 525kcal, 46g Proteine, 36g Kohlehydrate (5g Ballaststoffe, 3g Zucker), 31g Fette (8g gesättigt), 10% Eisen, 31% Magnesium, 63% Vitamin C, 18% Vitamin K, 15% Vitamin B1, 13% Vitamin B2, 14% Vitamin B3, 25% Vitamin B6, 73% Vitamin B12.

ABENDESSEN

31. Sushi-Platte

Eine kalorienarme Sushi-Platte ersetzt Reis für Blumenkohl, welcher mit Knoblauch, Sojasauce und Zitronensaft verfeinert ist. Benutze die Seetang-Blätter, um das Gemüse und den Lachs einzuwickeln und forme eine Mini-Rolle.

Zutaten (2 Portionen):

170g geräucherter Lachs

1 mittegroße Avocado

½ Kopf Blumenkohl, gedünstet und gewürfelt

1/3 Tasse Karotten, zerkleinert

½ Teelöffel Cayenne

1.2 Teelöffel Knoblauchpulver

1 Esslöffel natriumarme Sojasauce

2 Seetang-Blätter

Saft von einer ½ Limette

Zubereitungszeit: 10 min

Keine Kochzeit

Zubereitung:

Gib den Blumenkohl, die Karotten, die Sojasauce, den Knoblauch, den Limettensaft und den Cayenne in eine Küchenmaschine. Stoppe sie, bevor sich die Mischung in eine Paste verwandelt. Serviere das Ganze neben Lachs und den Seetang-Blättern.

Nährwert pro Person: 272kcal, 20g Proteine, 13g Kohlehydrate (7g Ballaststoffe, 4g Zucker), 16g Fette (1g gesättigt), 10% Eisen, 14% Magnesium, 73% Vitamin A, 88% Vitamin C, 13% Vitamin E, 40% Vitamin K, 18% Vitamin B1, 15% Vitamin B2, 31% Vitamin B3, 21% Vitamin B5, 31% Vitamin B6, 26% Vitamin B9, 45% Vitamin B12.

32. Hühnchen süß-sauer

Hühnchen süß-sauer ist ein leichtes und leckeres Rezept, das in jeder Küche Platz findet. Es ist reich an Proteinen und Vitaminen und passt sehr gut zu gedünsteten Broccoli-Rosetten.

Zutaten (2 Portionen):

300g Hühnerbrust, geschnitten in mundgerechte Stücke

1 Teelöffel Knoblauchsalz

¼ Tasse natriumarme Hühnerbrühe

¼ Tasse weißer Essig

¼ Süßstoff

¼ Teelöffel schwarzer Pfeffer

1 Teelöffel natriumarme Sojasauce

3 Teelöffel zuckerfreien Ketchup

Pfeilwurz

400g Broccoli-Rosetten, gedünstet

Zubereitungszeit: 10 min

Kochzeit: 15 min

Zubereitung:

Leg das Hühnchen in eine große Schüssel und würze es auf beiden Seiten mit Knoblauch, Pfeffer und Salz. Koch das Hühnchen bei mittlerer/starker Hitze, bis es gar ist.

Verrühre währenddessen die Hühnerbrühe, Süßstoff, Essig, Ketchup und Sojasauce in einer Sauce-Pfanne. Bring die Mischung zum Kochen und senke die Hitze. Füg die Pfeilwurz dazu und verrühre es gut. Lass es für einige Minuten kochen.

Gieß die Sauce über das gekochte Hühnchen und serviere es mit gedünstetem Broccoli.

Nährwert pro Portion: 250kcal, 40g Proteine, 14g Kohlehydrate (6g Ballaststoffe, 4g Zucker), Fette 2g, 11% Calcium, 14% Eisen, 20% Magnesium, 24% Vitamin A, 303% Vitamin C, 254% Vitamin K, 17% Vitamin B1, 21% Vitamin B2, 90% Vitamin B3, 24% Vitamin B5, 58% Vitamin B6, 33% Vitamin B9.

33. Hummer in Knoblauch

Du benötigst nur 5 Minuten um dieses gesunde und leckere Gericht zuzubereiten. Es ist sehr reich an Magnesium und beinhaltet eine große Menge an Protein, trotz der Tatsache, dass dieses Rezept ohne Fleisch auskommt. Wenn du ein Vollkorn-Tortilla dazu nimmst, hast du das perfekte Essen für unterwegs.

Zutaten (3 Portionen):

1*400g Kichererbsen aus der Dose (halte 1/4 der Flüssigkeit zurück)

¼ Tasse Tahini

¼ Tasse Zitronensaft

1 Knoblauchzehe

1 Esslöffel Olivenöl

¼ Teelöffel Ingwer

¼ Teelöffel Kümmel

2 Frühlingszwiebel, fein gehackt

1 Tomaten, gewürfelt

Zubereitungszeit: 5 min

Keine Kochzeit

Zubereitung:

Gib die Kichererbsen, die Flüssigkeit davon, die Tahini, den Zitronensaft, das Olivenöl, den Knoblauch, den Kümmel und den Ingwer in eine Küchenmaschine und verrühr alles, bis es weich ist.

Füge die Tomaten und die Frühlingszwiebeln dazu und würze alles mit Salz und Pfeffer. Serviere alles mit Paprika-Stücken.

Nährwert pro Person: 324kcal, 11g Proteine, 21g Kohlehydrate (7g Ballaststoffe, 1g Zucker), 17g Fette (2g gesättigt), 22% Calcium, 54% Eisen, 135% Magnesium, 10% Vitamin A, 12% Vitamin C, 33% Vitamin K, 122% Vitamin B1, 12% Vitamin B2, 44% Vitamin B3, 11% Vitamin B5, 12% Vitamin B6, 40% Vitamin B9.

34. Hühnchen mit Ananas und Paprika

Nimm eine Auszeit von den traditionellen Hühnchen-Rezepten und probiere dieser Version mit süßer und erfrischender Ananas. Diese Mahlzeit ist reich an Vitamin B3 sowie Proteinen und noch dazu eine wichtige Quelle für Kohlehydrate. Statt des Reises kannst du ebenso Hirse verwenden.

Zutaten (1 Portion):

140g Hühnerbrust, ohne Knochen

1 Esslöffel Senf

½ Tasse frische Ananas, geschnitten

½ Tasse Paprika, geschnitten

50g brauner Reis

Kokosöl-Spray

1 Teelöffel Kümmel

Salz und Pfeffer

Zubereitungszeit: 5 min

Kochzeit: 15 min

Zubereitung:

Schneide das Hühnchen in kleine Streifen, reibe sie mit Senf ein und würze sie mit Salz, Pfeffer und Kümmel.

Stell eine Pfanne bei mittlerer Hitze auf den Herd und besprüh sie leicht mit Kokosöl. Gib das Hühnchen hinzu und koche es auf allen Seiten. Wenn das Hühnchen fast fertig ist, erhöhe die Hitze und gib die Ananas-Stücke und die Paprika dazu. Koch alles und stell sicher, dass alle Seiten braun sind. Das sollte 3 bis 5 Minuten dauern.

Erhitze den braunen Reis und serviere ihn zusammen mit dem Hühnchen.

Nährwert pro Portion: 377kcal, 37g Proteine, 50g Kohlehydrate (6g Ballaststoffe, 10g Zucker), 1g Fette, 12% Eisen, 33% Magnesium, 168% Vitamin C, 26% Vitamin B1, 13% Vitamin B2, 96% Vitamin B3, 22% Vitamin B5, 65% Vitamin B6, 10% Vitamin B9.

35. Proteinschüssel nach mexikanischer Art

Nimm dir eine Auszeit von Fleisch und schmeiß diese Zutaten zusammen für eine wohlschmeckende Alternative zum Gewöhnlichen. Du kannst das frittierte Fett und die ungesunden Kalorien weglassen und trotzdem bekommst du den vollen Geschmack mexikanischen Essens.

Zutaten:

1/3 Tasse gekochter, schwarzer Bohnen

½ Tasse gekochter. Brauner Reis

2 Esslöffel Salsa

¼ Avocado, geschnitten

Zubereitungszeit: 5 min

Keine Kochzeit

Zubereitung:

Vermische alle Zutaten in einer Schüssel und serviere das Ganze.

Nährwert pro Portion: 307kcal, 11g Proteine, 48g Kohlehydrate (11g Ballaststoffe, 1g Zucker), 7g Fette (1g gesättigt), 26% Magnesium, 13% Vitamin K, 16% Vitamin B1, 11% Vitamin B3, 17% Vitamin B6, 30% Vitamin B9.

36. Rucola-Hühnchen-Salat

Rucola-Blätter verleihen diesem süßen und super gesunden Salat die gewisse Befriedigung. Diese Mahlzeit ist eine ausgiebige Quelle für Gemüse und qualitätsvolle Proteine und kann mit einem einfachen Dressing bestehend aus fettreduziertem Joghurt und Knoblauch bereichert werden.

Zutaten (1 Portion):

120g Hühnerbrust

5 Baby-Karotten, gewürfelt

¼ Rotkohl, gewürfelt

½ Tasse Rucola

1 Esslöffel Sonnenblumenkerne

1 Teelöffel Olivenöl

Zubereitungszeit: 10 min

Kochzeit: 10 min

Zubereitung:

Schneide das Hühnchen in mundgerechte Würfel. Erhitze das Olivenöl in einer teflonbeschichteten Pfanne und brate das Hühnchen darin an, bis es gekocht ist. Stell es zur Seite und lass es auskühlen.

Gib die Karotten, den Rucola und den Rotkohl in eine große Schüssel. Leg den Salat und die Sonnenblumenkerne auf das ausgekühlte Hühnchen und serviere alles.

Nährwert pro Portion: 311kcal, 30g Proteine, 9g Kohlehydrate (1g Ballaststoffe), 13g Fette (1g gesättigt), 11% Eisen, 22% Magnesium, 150% Vitamin A, 25% Vitamin C, 29% Vitamin E, 32% Vitamin K, 23% Vitamin B1, 10% Vitamin B2, 72% Vitamin B3, 11% Vitamin B5, 49% Vitamin B6, 17% Vitamin B9.

37. Heilbutt in Dijon-Senf

Dieses würzige Heilbutt-Gericht ist eine schnelle und leichte Art und Weise um eine gesunde Dosis an Proteinen zu erhalten. Es ist arm an Kohlenhydraten sowie reich an Vitaminen und daher eine perfekte Wahl als Abendessen. Die geringe Menge an Kalorien erlaubt es dir die Sauce zu verdoppeln, wenn du dir gegenüber milde bist.

Zutaten (2 Portionen):

220g Heilbutt

¼ Zwiebel, geschnitten

1 rote Peperoni, geschnitten

1 Knoblauchzehe

1 Esslöffel Dijon-Senf

1 Teelöffel Worcestershire-Sauce

1 Teelöffel Olivenöl

Saft von 1 Zitrone

1 Bund Petersilie

2 große Karotten, in Stifte geschnitten

1 Tasse Broccoli-Rosetten

1 Tasse Pilze, geschnitten

Zubereitungszeit: 10 min

Kochzeit: 20 min

Zubereitung:

Gib die rote Peperoni, den Knoblauch, die Petersilie, den Senf, die Zwiebel, die Worcestershire-Sauce, den Zitronensaft und das Olivenöl in die Küchenmaschine.

Leg den Fisch, die Sauce und das restliche Gemüse in einen Backschlauch aus Pergament. Backe es bei 190°C Umluft/Gas 5 für 20 Minuten und serviere es anschließend.

Nährwert pro Portion: 225kcal, 33g Proteine, 12g Kohlehydrate (3g Ballaststoffe, 5g Zucker), 5g Fette (1g gesättigt), 11% Calcium, 10% Eisen, 35% Magnesium, 180% Vitamin A, 77% Vitamin C, 71% Vitamin K, 13% Vitamin B1, 19% Vitamin B2, 51% Vitamin B3, 14% Vitamin B5, 34% Vitamin B6, 15% Vitamin B9, 25% Vitamin B12.

38. Hühnchen-Blechkuchen

Schnell, einfach und lecker – dieses Gericht sollte ein Sommeressen in deiner Küche sein, weil es dann genug Kirschtomaten geben wird. Die Pesto verleiht der einfach gewürzten Hühnerbrust einen erfrischenden Geschmack.

Zutaten (2 Portionen):

300g Hühnerbrust

300g Kirschtomaten

2 Esslöffel Pesto

1 Esslöffel Olivenöl

Salz, Pfeffer

Zubereitungszeit: 5 min

Kochzeit: 15 min

Zubereitung:

Gib die Hühnerbrust in eine Bratenform, würze sie, besprenkele sie mit Olivenöl und grille sie anschließend für 10 Minuten. Füge die Kirschtomaten dazu und grill das

Ganze für weitere 5 Minuten, bis das Hühnchen durch ist. Reibe Pesto darauf und serviere das Ganze mit Kirschtomaten.

Nährwert pro Person: 312kcal, 36g Proteine, 7g Kohlehydrate (2g Ballaststoffe, 5g Zucker), 19g Fette (4g gesättigt), 15% Magnesium, 25% Vitamin A, 34% Vitamin C, 11% Vitamin E, 20% Vitamin K, 10% Vitamin B1, 88% Vitamin B3, 13% Vitamin B5, 33% Vitamin B6.

39. Tofu-Burger

Tofu beinhaltet alle essentiellen Aminosäuren und das macht es zu einem perfekten Ersatz für Fleisch. Die karamellisierte Zwiebel mit Chili-Flocken und Sriracha gepaart mit dem Teriyaki-Tofu wird deine Geschmacksnerven erfreuen.

Zutaten (1 Portion):

85g Tofu (extra stark)

1 Esslöffel Teriyaki-Marinade

1 Esslöffel Sriracha

1 Salatblatt

30g Karotten, zerkleinert

¼ rote Zwiebel, geschnitten

½ Teelöffel rote Chili-Flocken

1 mittelgroßes Vollkornbrötchen

Zubereitungszeit: 5 min

Kochzeit: 10 min

Zubereitung:

Erhitz den Grill.

Mariniere den Tofu mit Teriyaki-Marinade, roten Chili-Flocken und Sriracha. Grill das Ganze für 3 bis 5 Minuten auf jeder Seite.

Brate die rote Zwiebel in einer teflonbeschichteten Pfanne an, bis sie karamellisieren.

Schneide das Brötchen in der Mitte durch, so dass du es wie ein Buch öffnen kannst. Fülle das Brötchen mit dem gegrillten Tofu, den karamellisierten Zwiebeln, den Karotten sowie dem Blattsalat und serviere alles.

Nährwert pro Portion: 194kcal, 11g Proteine, 28g Kohlehydrate (5g Ballaststoffe, 8g Zucker), 5g Fette (1g gesättigt), 21% Calcium, 14% Eisen, 19% Magnesium, 95% Vitamin A, 10% Vitamin B1, 14% Vitamin B6.

40. Scharfer Kabeljau

Reich an Proteinen und gesunden Fetten und arm an Kohlehydraten – dieser super scharfe Kabeljau wird dir einen Ruck für den ganzen Tag verpassen. Serviere ihn mit etwas braunem Reis, wenn du einen Kohlehydratschub für ein abendliches Workout benötigst, oder gib zwei Peperoni mehr dazu, wenn du denkst, dass du noch mehr Würze vertragen kannst.

Zutaten (2 Portionen):

340g weißer Kabeljau

10 Kirschtomaten, halbiert

2 Jalapeno Peperoni, geschnitten

2 Esslöffel Olivenöl

Meersalz

Chili-Pulver

Zubereitungszeit: 5 min

Kochzeit: 10 min

Zubereitung:

Erhitz das Öl in einer teflonbeschichteten Pfanne. Wälze den Kabeljau in Salz und Chili-Pulver, leg ihn in die Pfanne und koche ihn für 10 Minuten bei mittlerer Hitze. Gib die Peperoni 1-2 Minuten, bevor der Fisch gut ist, dazu.

Serviere das Ganze mit Kirschtomaten.

Nährwert pro Portion: 279kcal, 30g Proteine, 6g Kohlehydrate (1g Ballaststoffe, 1 g Zucker), 16g Fette (2g gesättigt), 11% Magnesium, 17% Vitamin A, 38% Vitamin C, 26% Vitamin E, 33% Vitamin K, 24% Vitamin B3, 43% Vitamin B6, 26% Vitamin B12.

41. Gegrillte Pilze und Zucchini-Burger

Die Portobello-Pilze haben ein dickes, fleischiges Gewebe, was sie zu Lieblingen unter den Vegetariern und Fleischessern macht. Verwöhn damit den Natur-Burger und erhalte jede Menge Mineralien und Vitamine bei minimaler Kalorien-Einnahme.

Zutaten (1 Portion):

1 großer Portabella-Pilz

¼ kleine Zucchini, geschnitten

1 Teelöffel geröstete Paprika

1 Stück fettreduzierter Käse

4 Spinatblätter

Olivenöl-Spray

1 mittelgroßes Vollkornbrötchen

Zubereitungszeit: 5 min

Kochzeit: 5 min

Zubereitung:

Erhitze den Grill. Besprüh die Pilze mit Olivenöl, dann grill die Pilze und Zucchini-Stücke.

Schneide das Brötchen in der Mitte durch (horizontal), leg die Zutaten anschließend auf eine Hälfte und decke sie mit der anderen zu. Serviere das Ganze direkt.

Nährwert pro Portion: 185kcal, 12g Proteine, 24g Kohlehydrate (4g Ballaststoffe, 5g Zucker), 4g Fette (1g gesättigt), 21% Calcium, 17% Eisen, 20% Magnesium, 78% Vitamin A, 28% Vitamin C, 242% Vitamin K, 15% Vitamin B1, 37% Vitamin B2, 26% Vitamin B3, 16% Vitamin B5, 16% Vitamin B6, 31% Vitamin B9.

42. Fisch nach mediterraner Art

Was gibt es für eine bessere Art, deine täglich erforderliche Dosis an B12 zu erhalten, als mit einem Gericht, das mit mediterranen Aromen angereichert ist? Die restlichen Vitamine und Mineralien sind ebenso repräsentiert und die Protein-Menge ist für ein gutes Abendessen genau richtig.

Zutaten (2 Portionen):

200g frische Forelle

2 mittelgroße Tomaten

3 Teelöffel Kapern

½ rote Paprika, gewürfelt

1 Knoblauchzehe, gewürfelt

10 grüne Oliven, geschnitten

¼ Zwiebel, geschnitten

½ Tasse Spinat

1 Esslöffel Olivenöl

Salz und Pfeffer

Zubereitungszeit: 10 min

Kochzeit: 15 min

Zubereitung:

Erhitze eine große Pfanne bei mittlerer Hitze. Füge die Tomaten, den Knoblauch und das Olivenöl dazu. Leg den Deckel auf die Pfanne und lass es einige Minuten köcheln, bis die Tomaten weich sind.

Füg die Zwiebel, die Paprika, die Oliven, die Kapern, Salz und Pfeffer (und wenn nötig etwas Wasser) hinzu. . Leg den Deckel auf die Pfanne und lass es einige Minuten köcheln, bis die Tomaten eingekocht sind und die Paprika sowie die Zwiebel weich sind.

Gib die Forelle dazu, leg den Deckel auf die Pfanne und gare alles 5 bis 7 Minuten.

Füg den Spinat in der letzten Minute hinzu und serviere alles.

Nährwert: 305kcal, 24g Proteine, 7g Kohlehydrate (1g Ballaststoffe, 4g Zucker), 11g Fette (3g gesättigt), 10% Calcium, 12% Magnesium, 36% Vitamin A, 56% Vitamin C, 62% Vitamin K, 13% Vitamin B1, 33% Vitamin B3, 12% Vitamin B5, 25% Vitamin B6, 15% Vitamin B9, 105% Vitamin B12.

43. Veganer freundliches Abendessen

Ein Veganer freundliches Abendessenmit einer guten Portion Proteine und Vitamine. Gönne deinem Gaumen den Geschmack, den er verdient mit dieser süßen und sauren Sauce, die mit Tofu verfeinert wurde und leicht zuzubereiten ist.

Zutaten (2 Portionen):

340g Tofu

¼ Tasse Sojasauce

¼ Tasse brauner Zucker

2 Teelöffel Sesamöl

1 Teelöffel Olivenöl

1 Teelöffel Chili-Flakes

2 Knoblauchzehen, fein geschnitten

1 Teelöffel Ingwer, frisch gerieben

Salz

Zubereitungszeit: 5 min

Kochzeit: 15 min

Zubereitung:

Vermenge den braunen Zucker, die Sojasauce, das Sesamöl, den Ingwer, die Chili-Flakes und das Salz in einer Schüssel und stell sie zur Seite.

Gib Olivenöl in eine Saucen-Pfanne und erhitze sie, Brate anschließend das Tofu ungefähr 10 Minuten an.

Gib die Sauce in die Pfanne und koche sie 3 bis 5 Minuten. Serviere alles, wenn die Sauce dich genug ist und der Tofu gut gebraten ist.

Nährwert pro Person: 245kcal, 17g Proteine, 15g Kohlehydrate (1g Ballaststoffe, 11g Zucker), 15g Fette (3g gesättigt), 34% Calcium, 19% Eisen, 19% Magnesium, 11% Vitamin B2, 11% Vitamin B6.

44. Thunfisch-Sandwich

Im Gegensatz zu einem gewöhnlichen Thunfisch-Sandwich, welches reich an gesättigten Fettsäuren und Kohlehydraten ist, verfügt dieses über eine moderate Menge an Kohlehydraten und beinhaltete den Protein-Reichtum einer Thunfisch-Dose. Das macht dieses Gericht zu einer exzellenten Mahlzeit, welche den Muskelaufbau unterstützt.

Zutaten (2 Portionen):

1 Dose Thunfisch (165g)

2 Scheiben eines fettreduzierten Mozzarellas

2 Teelöffel Tomatensauce

1 Vollkorn- Milchbrötchen

etwas Oregano

Zubereitungszeit: 5 min

Kochzeit: 3 min

Zubereitung:

Heiz den Backofen auf 190°C Umluft/Gas 5 vor.

Schneide das Milchbrötchen auf, bestreich es mit der Hälfte der Tomatensauce und gib den Thunfisch und etwas Oregano darauf. Lege anschließend eine Scheibe Käse auf den Thunfisch. Stell die Mini-Sandwichs in den Backofen und backe sie 2 bis 3 Minuten oder bis der Käse geschmolzen ist. Verteile alles auf 2 Teller und serviere es.

Nährwert pro Person: 255kcal, 31g Proteine, 14g Kohlehydrate (2g Ballaststoffe, 2 g Zucker), 6g Fette (4g gesättigt), 29% Calcium, 11% Eisen, 13% Magnesium, 10% Vitamin B1, 10% Vitamin B2, 60% Vitamin B3, 23% Vitamin B6, 52% Vitamin B12.

45. Hühnchen mit Avocado-Salat

Eine Mahlzeit, die ein Gleichgewicht aus qualitätsvollen Proteinen und gesunden Fetten liefert, wird dich sättigen, ohne es mit den Kohlehydraten zu übertreiben. Ersetze den Essig mit Zitronensaft für ein erfrischenderes Gefühl.

Zutaten (1 Portion):

100g Hühnerbrust

1 Teelöffel geriebene Paprika

2 Teelöffel Olivenöl

Für den Salat:

½ mittelgroße Avocado, geschnitten

1 mittelgroße Tomate, gewürfelt

½ kleine, rote Zwiebel, dünn geschnitten

1 Esslöffel Petersilie, grob gehackt

1 Teelöffel Rotweinessig

Zubereitungszeit: 10 min

Kochzeit: 10 min

Zubereitung:

Heiz den Grill bei mittlerer Hitze. Reibe das Huhn mit einem Teelöffel Olivenöl und Paprika ein. Koche es 5 Minuten auf beiden Seiten, bis es gut durch ist und leicht verkohlt. Schneide das Hühnchen in dicke Streifen.

Mische die Salatzutaten, füge das restliche Olivenöl hinzu und serviere ihn mit dem Hühnchen.

Nährwert pro Portion: 346kcal, 26g Proteine, 14g Kohlehydrate (6g Ballaststoffe, 4g Zucker), 22g Fette (3g gesättigt), 16% Magnesium, 22% Vitamin, 44% Vitamin C, 18% Vitamin E, 38% Vitamin K, 12% Vitamin B1, 11% Vitamin B2, 66% Vitamin B3, 19% Vitamin B5, 43% Vitamin B6, 22% Vitamin B9.

SNACKS

1. Kirschtomaten mit Ziegenkäse

Halbiere 5 Kirschtomaten und bestreiche sie mit 2 Esslöffel Ziegenkäse. Gib frischen Dill und etwas Salz darüber.

Nährwert: 58kcal, 4g Proteine, 10g Kohlehydrate, 30% Vitamin A, 40% Vitamin C, 20% Vitamin K, 10% Vitamin B1, 10% Vitamin B6, 10% Vitamin B9.

2. Avocado auf Toast

Toaste eine kleine Scheibe eines Vollkornbrotes, bestreich es mit 50g zerkleinerter Avocado und streu etwas Salz und Pfeffer darüber.

Nährwert: 208kcal, 5g Proteine, 28g Kohlehydrate (6g Ballaststoffe, 2g Zucker), 9g Fette (1g gesättigt), 13% Vitamin K, 13% Vitamin B9.

3. Paprika mit Ziegenkäse

Halbiere eine kleine Paprika, entkerne sie und fülle sie dann mit 50g Hüttenkäse aus. Würze das Ganze mit einem Gewürz deiner Wahl.

Nährwert: 44kcal, 6g Proteine, 3g Kohlehydrate (3g Zucker), 49% Vitamin C.

4. Reiswaffel mit Erdnussbutter

Bestreich 1 Reiswaffel mit 1 Esslöffel cremiger Erdnussbutter.

Nährwert: 129kcal, 5g Proteine, 10g Kohlenhydrate (1g Ballaststoffe, 1 g Zucker), 8g Fette (1g gesättigt), 10% Vitamin B3.

5. Selleriestangen mit Ziegenkäse und grünen Oliven

Garniere 3 mittlere Sellerie-Stangen mit 3 Esslöffel Ziegenkäse und 3 geschnittenen, grünen Oliven.

Nährwert: 102kcal, 4g Proteine, 6g Kohlehydrate (3g Ballaststoffe), 6g Fette (4g gesättigt), 12% Calcium, 45% Vitamin K, 18% Vitamin A, 12% Vitamin B9.

6. Joghurt mit getrockneten Goji Beeren

Vermische 150g fettreduzierten Joghurt mit 10g Goji-Beeren.

Nährwert: 134kcal, 7g Proteine, 19g Kohlehydrate (1g Ballaststoffe, 18% Zucker), 4g Fette (1g gesättigt), 27% Calcium, 24% Eisen, 13% Vitamin C, 19% Vitamin B2, 13% Vitamin B12.

7. Apfel und Erdnussbutter

Schneide einen kleinen Apfel und verteile einen Esslöffel cremige Erdnussbutter auf die Stücke.

Nährwert: 189kcal, 4g Proteine, 28g Kohlehydrate (5g Ballaststoffe, 20g Zucker), 8g Fette (1g gesättigt), 14% Vitamin C, 14% Vitamin B3.

8. Griechischer Joghurt mit Erdbeeren

Vermische 150g griechischer Joghurt mit 5 mittelgroßen Erdbeeren, die halbiert wurden.

Nährwert: 150kcal, 11g Proteine, 10g Kohlehydrate (10g Zucker), 8g Fette (5g gesättigt), 10% Calcium, 60% Vitamin C.

9. Nüsse-Mix

Vermische 10g Walnüsse, 10g Mandeln und 30g Rosinen.

Nährwert: 217kcal, 4g Proteine, 25g Kohlehydrate (2g Ballaststoffe, 17g Zucker), 13g Fette (1g gesättigt), 10% Magnesium.

10. Schinken und Selleriestangen

Umwickele 6 mittelgroße Selleriestangen mit 3 Scheiben Schinken und serviere das Ganze mit einem Teelöffel körnigem Senf.

Nährwert: 129kcal, 15g Proteine, 6g Kohlehydrate (6g Ballaststoffe), 3g Fette, 12% Calcium, 24% Vitamin A, 12% Vitamin C, 90% Vitamin K, 18% Vitamin B1, 12% Vitamin B2, 24% Vitamin B3, 15% Vitamin B6, 24% Vitamin B9.

11. Joghurt mit Tropischen Früchten

Gib 150g griechischer Joghurt zu ½ Tasse geschnittener Kiwi und ¼ Tasse geschnittener Mango.

Nährwert: 210kcal, 12g Proteine, 25g Kohlehydrate (2g Ballaststoffe, 19g Zucker), 8g Fette (5g gesättigt), 13% Calcium, 11% Vitamin A, 155% Vitamin C, 46% Vitamin K.

12. Heidelbeer-Joghurt

Verrühre 150 g fettreduzierten Joghurt mit ½ Tasse Heidelbeeren.

Nährwert: 136kcal, 8g Proteine, 21g Kohlehydrate (2g Ballaststoffe, 18g Zucker), 3g Fette (1g gesättigt), 27% Calcium, 13% Vitamin C, 18% Vitamin K, 21% Vitamin B2, 13% Vitamin B12.

13. Tasse Popcorn

Nährwert: 31kcal, 1g Proteine, 6g Kohlehydrate (1g Ballaststoffe).

14. Geröstete Kichererbsen

Nährwert pro 50g: 96kcal, 4g Proteine, 13g Kohlehydrate (4g Ballaststoffe, 2g Zucker), 3g Fette.

SHAKEREZEPTE FÜR GEWICHTHEBER

Tag 1

Frühstück: Alles-in-einem-Shake

Energie, Muskelaufbau-Shake

Wir wissen alle, wie hart es ist Muskeln zu gewinnen; wie brauchen immer etwas Hilfe bei diesem Problem. Hier ist also ein großartiger Shake um deinen Muskelaufbau zu steigern und gleichzeitig deinen Körper zu stärken. Du kannst ihn zu jeder Tageszeit trinken, aber wir empfehlen ihn zum Frühstück zu genießen.

Zubereitung:

Vermische alle Zutaten in einem Entsafter oder in einer Küchenmaschine bei hoher Geschwindigkeit. Genieße anschließend einen leckeren Shake.

Zutaten:

- Milch, 400 ml
- 2 Kellen Molkenprotein-Pulver
- 2 Bananen 140g

- 2 Esslöffel Mandelöl
- 1 Apfel

Nährwertangabe:

- Kalorien: 443
- Proteine: 32,5 g
- Kohlenhydrates: 45 g
- Fette: 16 g

Tag 2

Mittagessen: Werde-groß-Shake

Muskelaufbau-Shake

Esse viel, um groß zu werden: das ist das Geheimnis um mehr Muskelmasse zu gewinnen, das hauptsächlich auf einem hohen Prozentsatz an Proteinen beruht. Um dieses Ziel zu erreichen, musst du dich sehr anstrengen und dich richtig ernähren Hier ist also ein guter Shakes um dir damit zu helfen

Zubereitung:

Vermische alle Zutaten in einem Entsafter oder in einer Küchenmaschine bei hoher Geschwindigkeit. Genieße anschließend einen leckeren Shake.

Zutaten:

- ½ Tasse ungesüßte Mandelmilch
- 2 Esslöffel Ahornsirup
- 2 gefrorene Bananen
- 1 Kelle Molkenprotein-Pulver
- 3 Esslöffel Mandelbutter

Nährwertangabe:

- Kalorien – 830
- Fette (total)- 30g (gesundes Fett der Mandelbutter)
- Kohlenhydrate – 115g
- Ballaststoffe - 14g
- Kohlenhydrate (netto) -101 g
- Glutenfrei
- Proteine: 46 g

Tag 3

Frühstück: Kein-Pulver-Shake

Muskelaufbau-Shake

Hol mit diesem großartigen Rezept das Meiste aus der Mischung heraus. Knapp dran und doch willst du dein Ernährungskontingent erreichen? Dieses wohlschmeckende Getränk kann in weniger als einer Minute zubereitet werden. Dein Körper braucht einen proteinreichen Milchshake „Super" für deine Muskeln, der dir eine ausgeglichene Balance aus Kohlenhydraten und Proteinen liefert. Und welche bessere Art gibt es als diese Zutaten-Mischung zu wählen?

Zubereitung:

Vermische alle Zutaten in einem Entsafter oder in einer Küchenmaschine bei hoher Geschwindigkeit. Genieße anschließend einen leckeren Shake.

Zutaten:

- 2 Esslöffel Mandelöl.
- 2 Esslöffel Erdnussbutter
- ½ - 1 Teelöffel Honig

- 1 mittlere Banane

- 2 Tassen Milch

- 2 Kellen Molkenprotein-Pulver

Nährwertangabe:

- Kalorien: 601

- Proteine: 49 g

- Kohlenhydrate: 63 g

- Fette: 25 g

Tag 4

Frühstück: Kaffee-Protein-Shake

Muskelaufbau-Shake

Dieser Shake braucht nur wenige Sekunden, bis er fertig ist und wird ein sehr leckerer sein. Stell sicher, dass du alle Zutaten verwendest, vermische sie gut und serviere ihn nach einer Trainingseinheit. Muskelaufbau ist eines der schwersten Dinge, die man im Fitnessstudio erreichen kann. Daher ist jede Hilfe, die du bekommen kannst, definitiv die Anstrengung wert.

Zubereitung:

Vermische alle Zutaten in einem Entsafter oder in einer Küchenmaschine bei hoher Geschwindigkeit. Genieße anschließend einen leckeren Shake.

Zutaten:

- 2 Kellen Molkenprotein-Pulver
- 235 ml Coffee
- 235 ml 2%ige Milch
- 2 Esslöffel Karamell-Kaffeesahne

Nährwertangabe:

- Kalorien: 398
- Proteine 58,4 g
- Kohlenhydrate 13,4 g
- Fette 6,4 g

Tag 5

Frühstück: Erdnussbutter-Protein-Shake

Muskelaufbau-Shake

Dieser Shake eignet sich hervorragend um deine Leistung im Fitnessstudio zu verbessern und dein Muskelwachstum anzuregen. Gib die Zutaten in eine Küchenmaschine, bis sie weich sind. Du willst vielleicht Vollmilch verwenden oder aber zusätzliche Erdnussbutter, um diesen Protein-Shake in einen höhere Kalorienbombe zu verwandeln – das liegt ganz bei dir.

Zubereitung:

Vermische alle Zutaten in einem Entsafter oder in einer Küchenmaschine bei hoher Geschwindigkeit. Genieße anschließend einen leckeren Shake.

Zutaten:

- 235 ml leichte Milch
- 1 Banane
- 1 Esslöffel Erdnussbutter
- 2 Kellen Molkenprotein-Pulver

Nährwertangaben:

- Kalorien 498
- Proteine 58 g
- Kohlenhydrate 44,1 g
- Fette 11 g

Tag 6

Frühstück: Pinker-Super-Shake

Muskelaufbau-Shake

Was einen massiven Gewichtszuwachs betrifft, ist es sehr wichtig, die richtige Menge an Kalorien zu konsumieren, um ein ausgewogenes Verhältnis aus Kohlenhydraten und Proteinen zu erreichen. Dadurch hast du genug Energie, um zu trainieren und ausreichend Proteine, damit sich deine Muskeln entwickeln können.

Zubereitung:

Vermische alle Zutaten in einem Entsafter oder in einer Küchenmaschine bei hoher Geschwindigkeit. Genieße anschließend einen leckeren Shake.

Zutaten:

- ¾ Tasse gefrorene Bio-Himbeeren
- ½ kleine Banane
- 1 Kelle Molkenprotein-Pulver
- ½ Esslöffel Kokosnussbutter
- 5 g Glutamin

- 1 Tasse Quellwasser

Nährwertangaben:

- Kalorien: 268
- Proteine : 16,5 g
- Kohlenhydrate: 44,5 g
- Fette 6,7 g

Tag 7

Frühstück: Bananen-Protein-Shake

Muskelaufbau-Shake

Proteine sind die wichtigsten Nährstoffe für das Muskelwachstum. Sie gewährleisten, dass die Körperfunktionen richtig arbeiten. Sie versorgen selbstverständlich die größeren Muskeln von Gewichtheber ausreichend. Du folgst einem angepassten Training und ernährst dich gesund. Dieser Shake ist leicht zuzubereiten und verfügt über eine reichhaltige Dosis an Proteinen.

Zubereitung:

Vermische alle Zutaten in einem Entsafter oder in einer Küchenmaschine bei hoher Geschwindigkeit. Genieße anschließend einen leckeren Shake.

Zutaten:

- 235 ml leichte Milch
- 1 Banane
- ½ Tasse Hafer
- 2 Kellen Molkenprotein-Pulver

Nährwertangabe:

- Kalorien 554
- Proteine 58g
- Kohlenhydraten 67.5g
- Fette 6g

Tag 8

Frühstück: Bananen-Beeren-Protein-Shake

Gewichtszunahme-Protein-Shake

Dies ist ein großartiger Shake um Stärke und Gewicht innerhalb kürzester Zeit zu erlangen – ohne Verzögerungen. Er ist gesund, natürlich und hat einen großen Einfluss auf deine Leistung im Fitnessstudio. Lass uns also die Zutaten näher anschauen und alles, was dieses Getränk dir bietet.

Zubereitung:

Vermische alle Zutaten in einem Entsafter oder in einer Küchenmaschine bei hoher Geschwindigkeit. Genieße anschließend einen leckeren Shake.

Zutaten:

- 355 ml Wasser
- 4 Eiswürfel
- 1 Banane
- 2 Kellen Molkenprotein

Nährwertangaben:

- Kalorien 314
- Proteine 45,1g
- Kohlenhydrate: 32,1g
- Fette 2,4g

Tag 9

Frühstück: Mandel-Bananen-Durst

Gewichtszunahme-Shake

Steigere dein Muskelwachstum, indem du diesen Shake nutzt und spüre den Fortschritt am Tag nach deinem Training. Schaue, ob der Shake deiner Leistung gefördert hat. Du könntest ihn sogar in der Nacht davor zubereiten, um sicher zu gehen, dass die Zutaten noch besser verteilt sind.

Zubereitung:

Vermische alle Zutaten in einem Entsafter oder in einer Küchenmaschine bei hoher Geschwindigkeit. Genieße anschließend einen leckeren Shake.

Zutaten:

- 1 gefrorene, mittlere Banane
- 1 Tasse Naturjoghurt
- 100 ml eiskaltes Wasser
- 30 ml gemahlene Mandeln
- 1 Tasse roher Hafer

Nährwertangaben:

- Kalorien: 650
- Proteine: 53 g
- Kohlenhydrate: 75 g
- Fette: 15 g

Tag 10

Mittagessen: Zimt-Protein-Shake

Muskelaufbau-Shake

Folge diesem Shake-Rezept um deinen Muskelzuwachs bei einer geringen Aufnahme an Fett zu steigern. Du kannst dieses Getränk zu jeder Tageszeit trinken.

Zubereitung:

Vermische alle Zutaten in einem Entsafter oder in einer Küchenmaschine bei hoher Geschwindigkeit. Genieße anschließend einen leckeren Shake.

Zutaten:

- 1 Tasse leichte Milch
- 1 gefrorene Banane
- 1 Kelle Molkenprotein-Pulver
- 1 Esslöffel Erdnussbutter

Nährwertangaben:

- Kalorien: 391
- Proteine: 38g

- Kohlenhydrate: 42,1g
- Fette: 10g

Tag 11

Frühstück: Starker-Gewinner-Shake

Gewichtszunahme-Shake

Hier ist ein großartiger Shake, der dir einen riesigen Energieschub verleiht und außerdem dein Muskelwachstum steigern wird. Sei also bereit für eine großartige Erfahrung, die deine Trainingseinheiten verbessern wird.

Zubereitung:

Vermische alle Zutaten in einem Entsafter oder in einer Küchenmaschine bei hoher Geschwindigkeit. Genieße anschließend einen leckeren Shake.

Zutaten:

- 295-415 ml reines Wasser
- 1/2 Tasse roher Mandeln
- 1/2 große, gefrorene Banane
- 2 Kellen Molkenprotein-Pulver

Nährwertangaben:

- Kalorien: 380

- Proteine: 75 g

- Kohlenhydrate: 57 g

- Fette: 15 g

Tag 12

Frühstück: Extreme-Energie-Shake

Gewinn-Gewicht-und-Energie-Shake

Wenn du Ausschau hältst nach etwas, das dich mit zusätzlicher Energie versorgt und nebenbei dein Muskelwachstum anregt, dann solltest du dieses Rezept testen. Dieser Shake ist voller gesunder Zutaten. Grüner Tee soll Krebs verhindern und Leinsamen versorgen doch mit einer guten Portion Omega 3, das wichtig für deine körperliche Entwicklung ist.

Zubereitung:

Vermische alle Zutaten in einem Entsafter oder in einer Küchenmaschine bei hoher Geschwindigkeit. Genieße anschließend einen leckeren Shake.

Zutaten:

- 295 ml reines Wasser
- 10 Erdbeeren (frisch oder gefroren)
- 1 Esslöffel Leinsamen-Öl
- ½ Teelöffel Grüner-Tee-Pulver

- 1/2 Teelöffel Vanilleextrakt

- 1 Kelle Molkenprotein-Pulver

Nährwertangabe:

- Kalorien: 420

- Proteine: 50 g

- Kohlenhydrate: 42 g

- Fette: 17 g

Tag 13

Abendessen: Pfirsich-Shake

Muskelaufbau-Shake

Die Pfirsiche in diesem Shake geben ihm einen großartigen Geschmack und der Ziegenkäse ist ein exzellenter Proteinlieferant und zudem leicht verdaulich. Die beste Tageszeit um diesen Shake zu trinken ist am Morgen, aber du kannst ihn auch zu jeder anderen Zeit trinken.

Zubereitung:

Vermische alle Zutaten in einem Entsafter oder in einer Küchenmaschine bei hoher Geschwindigkeit. Genieße anschließend einen leckeren Shake.

Zutaten:

- 235 ml reines Wasser
- 1 reife Pfirsich
- 2 Teelöffel fettreduzierten Ziegenkäse
- Brauner Zucker
- 1,5 Kellen Molkenprotein-Pulver

Nährwertangaben:

- Kalorien: 250
- Proteine: 40 g
- Kohlenhydrate: 21 g
- Fette: 8 g

Tag 14

Frühstück: Heidelbeer-Shake

Muskelaufbau-Shake

Lass uns den Tag mit einem großartigen Shake beginnen, der dein Energielevel hoch halten wird und dich mit der erforderlichen Proteinmenge versorgen wird, damit du deine Muskeln in einer kürzeren Zeit aufbauen kannst. Heidelbeeren sind bekannt dafür, gute Antioxidantien zu sein und Krebs zu verhindern.

Zubereitung:

Vermische alle Zutaten in einem Entsafter oder in einer Küchenmaschine bei hoher Geschwindigkeit. Genieße anschließend einen leckeren Shake.

Zutaten:

- 295 ml reines Wasser
- 1/2 Tasse frische oder gefrorene Heidelbeeren
- 1,5 Kellen Molkenprotein-Pulver
- 2 Teelöffel Leinsamen-Öl

Nährwertangaben:

- Kalorien: 210 g
- Proteine: 39g
- Kohlenhydrate: 22 g
- Fette: 4 g

Tag 15

Frühstück: Erdbeer-Shake

Muskelaufbau-Shake

Es gibt keinen besseren Weg beim Versuch Muskeln aufzubauen, schnelle Resultate zu erzielen, als Shakes auszuprobieren. Dieses Shake-Rezept wird sehr lecker schmecken aufgrund der Kombination von Erdbeeren und Ziegenkäse.

Zubereitung:

Vermische alle Zutaten in einem Entsafter oder in einer Küchenmaschine bei hoher Geschwindigkeit. Genieße anschließend einen leckeren Shake.

Zutaten:

- 295 ml reines Wasser
- 8 gefrorene Erdbeeren
- 4 Teelöffel fettreduzierten Ziegenkäse
- 1,5 Kellen Molkenprotein-Pulver

Nährwertangaben:

- Kalorien: 310 g

- Proteine: 51g

- Kohlenhydrate: 27g

- Fette: 7 g

Tag 16

Frühstück: Bananenfreud-Shake

Muskelaufbau-Shake

Kombiniere die folgenden Zutaten um einen Shake zu erhalten, der reich an Omega 3 und Kalium ist, was dein Muskelwachstum unterstützt und dir außerde einen gesunden Körper beschert.

Zubereitung:

Vermische alle Zutaten in einem Entsafter oder in einer Küchenmaschine bei hoher Geschwindigkeit. Genieße anschließend einen leckeren Shake.

Zutaten:

- 235 ml reines Wasser
- 1/2 Banane (gefroren)
- 2 Kellen Molkenprotein-Pulver
- 2 Teelöffel Leinsamen-Öl

Nährwertangaben:

- Kalorien: 350 g

- Proteine: 65g

- Kohlenhydrate: 29g

- Fette: 9 g

Tag 17

Frühstück: Ananas-Shake

Muskelaufbau-Shake

Versuche dieses wundervolle Shake-Rezept, das für seine schnellen Ergebnisse und seinen köstlichen Geschmack bekannt ist. Es eignet sich hervorragend, um dir beim Muskelaufbau zu helfen und wird einen verstärkenden Effekt auf dein Immunsystem haben.

Zubereitung:

Vermische alle Zutaten in einem Entsafter oder in einer Küchenmaschine bei hoher Geschwindigkeit. Genieße anschließend einen leckeren Shake.

Zutaten:

- 1 Tasse Ananassaft
- 3 Erdbeeren
- 1 Banane
- 1 Teelöffel Joghurt
- 1 Kelle Molkenprotein-Pulver

Nährwertangaben:

- Kalorien: 340 g
- Proteine: 63g
- Kohlenhydrate: 27g
- Fette: 10 g

Tag 18

Frühstück: Muskel-Shake

Muskelaufbau-Shake

Hast du Probleme damit, größere Muskeln zu bekommen? Wenn die Antwort ja ist, solltest du dieses Shake-Rezept ausprobieren, das sofortige Ergebnisse in deinem Training zeigt und dich den ganzen Tag mit Energie versorgt.

Zubereitung:

Vermische alle Zutaten in einem Entsafter oder in einer Küchenmaschine bei hoher Geschwindigkeit. Genieße anschließend einen leckeren Shake.

Zutaten:

- 1 Tasse fettreduzierte Milch
- 1/2 Tasse fettreduzierter Naturjoghurt
- 1 Banane, geschnitten
- 2 Esslöffel Molkenprotein-Pulver
- 6 Erdbeeren, geschnitten
- 1 Teelöffel Weizenkeime

- 1 Esslöffel Honig oder Ahornsirup
- 1/4 Tasse gefrorener Beeren
- Etwas Muskat oder Johannisbrot-Pulver

Nährwertangaben:

- Kalorien: 600
- Proteine: 70g
- Kohlenhydrate: 54g
- Fette: 15 g

Tag 19

Frühstück: Haferflocken-Shake

Muskelaufbau-Shake

Das ist ein großartiges Rezept um Muskelmasse zu gewinnen und dein Herz zu schützen. Es wird dir helfen, den ganzen Tag über wachsam zu sein. Probiere es aus.

Zubereitung:

Vermische alle Zutaten in einem Entsafter oder in einer Küchenmaschine bei hoher Geschwindigkeit. Genieße anschließend einen leckeren Shake.

Zutaten:

- 2 Kellen Molkenprotein-Pulver
- 1 Tasse ungesüßtes Vanilleeis
- 1 Tasse Hafer
- 2 Tassen fettreduzierte Milch
- 1,2 Tassen Wasser
- Ein Spritzer Pfefferminzextrakt

Nährwertangaben:

- Kalorien: 621
- Proteine: 65g
- Kohlenhydrate: 58g
- Fette: 22 g

Tag 20

Abendessen: Tropischer Shake

Muskelaufbau-Shake

Dies ist einer der leckersten Shakes, die ich je probiert habe und ich bin sicher, dass du ohne genießen wirst. Die Mischung aus Banane, Ananas und Kokosnuss verleiht ihm einen tropischen Geschmack. Am besten trinkst du ihn am Morgen oder am späten Vormittag. Die Bananen müssen nicht gefroren sein, sie können Raumtemperatur haben. Einige Menschen ziehen es jedoch vor, wenn der Shake kalt ist, wenn sie gerade ihr Workout beendet haben.

Zubereitung:

Vermische alle Zutaten in einem Entsafter oder in einer Küchenmaschine bei hoher Geschwindigkeit. Genieße anschließend einen leckeren Shake.

Zutaten:

- 235 ml reines Wasser
- 1/2 Teelöffel Ananasextrakt
- 1/2 Teelöffel Kokosnussextrakt

- 1 Esslöffel Ziegenkäse

- 1/2 gefrorene Banane

Nährwertangaben:

- Kalorien: 540

- Proteine: 25g

- Kohlenhydrate: 43g

- Fette: 17g

Tag 21

Abendessen: Frucht-Shake

Muskelaufbau-Shake

Proteine sind der Schlüssel zum Muskelwachstum und zur Erholung. Stell sicher, dass du diesen Shake zu einer beliebigen Tageszeit probierst. Dieser Beeren-Shake hat viele antioxidantische Qualitäten, die dir zu Gute kommen, da du alterst und dich vor Krankheiten schützen willst. Das kann sehr wichtig sein, weil du es dir nicht leisten kannst wochenlang de Workout fern zu bleiben.

Zubereitung:

Vermische alle Zutaten in einem Entsafter oder in einer Küchenmaschine bei hoher Geschwindigkeit. Genieße anschließend einen leckeren Shake.

Zutaten:

- 2 Kellen Molkenprotein-Pulver
- 4 große Erdbeeren
- Heidelbeeren (eine kleine Hand voll)
- Wasser (nur einige Tropfen)

- 3 Eier

Nährwertangaben:

- Kalorien: 470

- Proteine: 45g

- Kohlenhydrate: 39g

- Fette: 15g

Tag 22

Frühstück: Apfelkuchen-Freude-Shake

Muskelaufbau-Shake

Sportler, die mehr Protein konsumieren, werden mehr Muskelmasse gewinnen als sitzende Leute, weil sie das Wachstumspotential maximieren. Versuch also zu sicher zu stellen, dass du diesen Shake kurz vor oder kurz nach einer Trainingseinheit zu dir nimmst. Die Mischung aus den Geschmäckern von Apfel, Zimt und Muskat gibt dem Shake eine einzigartige Note, die in anderen Shakes nicht gefunden werden kann.

Zubereitung:

Vermische alle Zutaten in einem Entsafter oder in einer Küchenmaschine bei hoher Geschwindigkeit. Genieße anschließend einen leckeren Shake.

Zutaten:

- 1 Kelle Molkenprotein-Pulver
- 1 geschälter und entkernter Apfel, in Stücke geschnitten
- 1 1/2 Tassen Milch

- 1/2 Teelöffel Zimt
- 1/2 Teelöffel Muskat
- 5 Eiswürfel

Nährwertangaben:

- Kalorien: 350
- Proteine: 35g
- Kohlenhydrate: 21g
- Fette: 10g

Tag 23

Frühstück: Kürbis-Shake

Wenig-Kohlenhydrate-Shake

Hier kommt ein Shake, der ein guter Proteinlieferant ist und dich mich über den Tag hinweg mit viel Energie versorgt. Das Leinen-Öl und der Joghurt liefern dir viele Inhaltsstoffe für deinen Körperfunktionen und geben diesem Shake einen Schub an Calcium und Omega 3.

Zubereitung:

Vermische alle Zutaten in einem Entsafter oder in einer Küchenmaschine bei hoher Geschwindigkeit. Genieße anschließend einen leckeren Shake.

Zutaten:

- 2 Kellen Molkenprotein-Pulver
- 235 ml Wasser
- 1 Esslöffel Leinen-Öl
- 1 Teelöffel Kürbiskuchen-Gewürz
- 235 ml Joghurt
- 4-6 Eiswürfel

Nährwertangaben:

- Kalorien: 300
- Proteine: 40g
- Kohlenhydrate: 26g
- Fette: 11g

Tag 24

Frühstück: Zimt-Shake

Muskelaufbau-Shake

Das ist ein Shake, den du am frühen Morgen vor einer Trainingseinheit zu dir nehmen solltest, weil er ein guter Energielieferant ist und den Muskelaufbau beschleunigen wird.

Zubereitung:

Vermische alle Zutaten in einem Entsafter oder in einer Küchenmaschine bei hoher Geschwindigkeit. Genieße anschließend einen leckeren Shake.

Zutaten:

- 1 Knäckebrot
- 1/2 Teelöffel Zimt
- Vanilleextrakt
- 355 ml Wasser
- 4 Eiswürfel

Nährwertangaben:

- Kalorien: 280
- Proteine: 10g
- Kohlenhydrate: 15g
- Fette: 5g

Tag 25

Frühstück: Erdnussbutter-Bananen-Shake

Muskelaufbau-Shake

Erdnussbutter ist eine reichhaltige Quelle für Protein und Energie. Viele Sportler verwenden Erdnussbutter als Hauptlieferant für Energie vor dem Training oder einem Wettkampf. Banane und Mandel verbessern den Geschmack und machen den Shake bekömmlicher.

Zubereitung:

Vermische alle Zutaten in einem Entsafter oder in einer Küchenmaschine bei hoher Geschwindigkeit. Genieße anschließend einen leckeren Shake.

Zutaten:

- 2 Kellen Molkenprotein-Pulver
- 100g Mandelstücke
- 1 Esslöffel Erdnussbutter
- 500ml leichte Milch
- Hälfte einer Banane
- 1 Esslöffel Honig

Nährwertangaben:

- Kalorien: 600
- Proteine: 55g
- Kohlenhydrate: 35g
- Fette: 10g

Tag 26

Frühstück: Super-Mix-Shake

Muskelaufbau-Shake

Abhängig von deinem Stoffwechsel wirst du dich an einige Shakes besser anpassen als an andere. Für diejenigen von euch, die einen süßeren Shake bevorzugen, ist dieser hier eine gute Wahl. Du kannst dich einige Zutaten frei wählen, deinen Geschmack deiner Wahl zu finden wie Karamell, Haselnuss oder Vanillejoghurt.

Zubereitung:

Vermische alle Zutaten in einem Entsafter oder in einer Küchenmaschine bei hoher Geschwindigkeit. Genieße anschließend einen leckeren Shake.

Zutaten:

- 10 Eiswürfel
- 355 ml fettreduzierte Milch
- 2 Esslöffel fettreduzierter Vanillejoghurt oder Kefir
- 1 Esslöffel fettreduzierte Erdnussbutter

- 2 Esslöffel Haselnüsse

- 1 Esslöffel Karamelleis

Nährwertangabe:

- Kalorien: 430

- Proteine: 23g

- Kohlenhydrate: 20g

- Fette: 11g

Tag 27

Frühstück: Magerer Bananen-Shake

Muskelaufbau-Shake

Menschen, die einem Ernährungsplan oder –routine folgen, um Muskeln zu gewinnen, werden noch viel mehr davon profitieren, wenn sie diesen Muskel-Shake darin aufnehmen. Der Shake ist leicht zuzubereiten und der Körper kann die gelieferten Proteine und Nährstoffe schnell absorbieren.

Zubereitung:

Vermische alle Zutaten in einem Entsafter oder in einer Küchenmaschine bei hoher Geschwindigkeit. Genieße anschließend einen leckeren Shake.

Zutaten:

- 1/2 gefrorene Banane
- 2 Esslöffel Schlagsahne (einen Becher, keine Sprühdose)
- 2 Eier
- 295 – 355 ml Wasser

- 4-6 Eiswürfel

Nährwertangaben:

- Kalorien: 320
- Proteine: 18g
- Kohlenhydrate: 15g
- Fette: 9g

Tag 28

Abendessen: Süßer Schub-Shake

Muskelaufbau-Shake

Hier ist ein großartiges Beispiel für ein Shake-Rezept, das ganz verschiedene Zutaten beinhaltet, aber zusammen sind diese eine reichhaltige Quelle an Proteinen. Das wird deine Leistung im Fitnessstudio steigern.

Zubereitung:

Vermische alle Zutaten in einem Entsafter oder in einer Küchenmaschine bei hoher Geschwindigkeit. Genieße anschließend einen leckeren Shake.

Zutaten:

- 1 mittlere bis große Banane
- 235 ml leichte Milch
- 1 Esslöffel Leinsamen-Mandel-Mischung
- 1 Teelöffel Ahornsirup
- Einige Tropfen einer Vanilleessenz/eines Vanilleextraktes
- 3-4 Eiswürfel

- 1 Esslöffel fettreduzierter Naturjoghurt

Nährwertangaben:

- Kalorien: 450
- Proteine: 19g
- Kohlenhydrate: 16g
- Fette: 10g

Tag 29

Frühstück: Orangen-Shake

Muskelaufbau-Shake

Lass uns den Tag mit einem himmlischen Shake beginnen, um dein Immunsystem in Schwung zu bringen und dir beim Muskelwachstum zu helfen. Dieses Rezept enthält viel Vitamin C und Kalium aufgrund der Erdbeeren und des Orangensaftes, die dir helfen, dass sich deine Muskeln schnell erholen.

Zubereitung:

Vermische alle Zutaten in einem Entsafter oder in einer Küchenmaschine bei hoher Geschwindigkeit. Genieße anschließend einen leckeren Shake.

Zutaten:

- 235 ml Orangensaft
- 4-5 Eiswürfel
- 1 Teelöffel Vanilleextrakt
- ½ Banane
- 2-3 gefrorene Erdbeeren

- 2 Teelöffel Honig

Nährwertangaben:

- Kalorien: 291
- Proteine: 15g
- Kohlenhydrate: 12g
- Fette: 5g

Tag 30

Frühstück: Mandel-Shake-Explosion

Muskelaufbau-Shake

Vertrau darauf eine bessere Verdauung zu haben, nachdem du diesen Shake mit seiner Kombination aus Haferflocken, Rosinen, Mandeln und Erdnussbutter gekostet hast. Die Rosinen verleihen ihm einen großartigen Geschmack und die Haferflocken sind für eine andere Struktur verantwortlich als bei den restlichen Shakes.

Zubereitung:

Vermische alle Zutaten in einem Entsafter oder in einer Küchenmaschine bei hoher Geschwindigkeit. Genieße anschließend einen leckeren Shake.

Zutaten:

- 295-355 ml leichte Milch
- 1,2 Tassen roher Haferflocken
- 1,2 Tassen Rosinen
- 12 gemahlene Mandeln

- 1 Esslöffel Erdnussbutter

Nährwertangaben:

- Kalorien: 380
- Proteine: 18g
- Kohlenhydrate: 15g
- Fette: 12g

Tag 31

Frühstück: Wilde-Beeren-Shake

Muskelaufbau-Shake

Himbeeren sind bekannt dafür, dass sie reich an Vitamin C und Antioxidantien sind, wovon einige Ärzte behaupten, dass sie eine Anti-Krebs Ergänzung zu deinem normalen, täglichen Essen und Gerichte darstellen. Es ist die perfekte Mischung für diejenigen, die Muskeln und Stärke gewinnen wollen. Du kannst einen gewöhnlichen Snack mit diesem gesunden Getränk ersetzen, der nicht besonders reich an Proteinen ist, der dir aber hilft, dir eine Pause zu verschaffen von all den anderen proteinreichen Shakes, die du täglich zu dir nimmst.

Zubereitung:

Vermische alle Zutaten in einem Entsafter oder in einer Küchenmaschine bei hoher Geschwindigkeit. Genieße anschließend einen leckeren Shake.

Zutaten:

- 8 Himbeeren
- 4 Erdbeeren

- 15 Heidelbeeren
- 475 ml fettreduzierte Milch
- 1/2 Tasse Eiswürfel

Nährwertangaben:

- Kalorien: 210
- Proteine: 9g
- Kohlenhydrate: 10g
- Fette: 8g

Tag 32

Frühstück: Erdnuss-Bananen-Shake

Muskelaufbau-Shake

Im Kontext der Ernährung ist dieser Shake reich an mageren Proteinen und komplexen Kohlenhydraten, o dass er dein Muskelwachstum und –aufbau anregt. Er wird dir außerdem während des Trainings einen Energieschub verleihen, wenn du ihn eine halbe Stunde zuvor einnimmst.

Zubereitung:

Vermische alle Zutaten in einem Entsafter oder in einer Küchenmaschine bei hoher Geschwindigkeit. Genieße anschließend einen leckeren Shake.

Zutaten:

- ½ Tasse Erdnüsse
- 1/2 Banane
- 1 Tasse leichte Milch
- 1/4 Tasse Frühstücksflocken
- 2 Eiswürfel

- Etwas Salz

Nährwertangabe:

- Kalorien: 230
- Proteine: 18g
- Kohlenhydrate: 12g
- Fette: 5g

Tag 33

Frühstück: Karotten-Ananas-Shake

Muskelaufbau-Shake

Dieser Shake sieht in euren Augen vielleicht etwas seltsam aus, aber glaubt mir, er tut euch und eurem Körper Gutes. Du kannst die Portionen einiger Zutaten je nach Belieben erhöhen oder erniedrigen, da diese Mischung etwas anders ist als die anderen.

Zubereitung:

Vermische alle Zutaten in einem Entsafter oder in einer Küchenmaschine bei hoher Geschwindigkeit. Genieße anschließend einen leckeren Shake.

Zutaten:

- 1 Tasse Schokoladenmilch
- 3/4 Tasse gemahlener Karotten
- 10 gefrorene Ananas-Stücke
- 2 Teelöffel ungesüßte, gestückelte Kokosnuss
- 1 Teelöffel Vanille
- 1 Teelöffel Süßrahm

- 120 ml Neufchatel Käse oder Streichkäse

Nährwertangaben:

- Kalorien: 220
- Proteine: 21g
- Kohlenhydrate: 13g
- Fette: 13g

Tag 34

Abendessen: Kürbis-Shake

Muskelaufbau-Shake

Ein gutes Shake-Rezept um die Muskeln aufzubauen und zu stärken mit einem einzigartigen Geschmack, wodurch es Spaß macht, diesen Shake zu trinken, während man gleichzeitig eine gemäßigte Menge an Proteinen zu sich nimmt. Es ist die perfekte Ergänzung für den Muskelaufbau und –wachstum.

Zubereitung:

Vermische alle Zutaten in einem Entsafter oder in einer Küchenmaschine bei hoher Geschwindigkeit. Genieße anschließend einen leckeren Shake.

Zutaten:

- 3/4 Tasse Milch (welche Art, du magst)
- 1/4 Tasse Kürbis aus der Dose
- 1 Esslöffel Sirup mit Kürbiskuchengeschmack
- 1/2 Teelöffel Kürbiskuchen-Gewürz
- 10 Eiswürfel

Nährwertangabe:

- Kalorien: 235
- Proteine: 20g
- Kohlenhydrate: 17g
- Fette: 1,5g

Tag 35

Frühstück: Heidelbeer-Apfel-Shake

Energieschub-Shake

Ein hohes Energielevel zu bewahren, ist das Ziel dieses Shakes. Er wird dich außerdem mit einigen mageren Proteinen versorgen, die dir helfen werden, selbst wenn du an diesem Tag etwas müde bist oder aber wenn du dich an diesem Tag noch härter antreiben willst.

Zubereitung:

Vermische alle Zutaten in einem Entsafter oder in einer Küchenmaschine bei hoher Geschwindigkeit. Genieße anschließend einen leckeren Shake.

Zutaten:

- 1/2 kleiner Apfel, in kleine Stücke geschnitten (mit Schale)
- 1/2 Tasse Beeren (dunkel, süß, entkernt)
- 1/2 Tasse Heidelbeeren
- 4 Esslöffel Weizenkeime
- Eiswürfel (nach Belieben)

- 1/2 Tasse Weizenprotein

Nährwertangaben:

- Kalorien:300

- Proteine: 39g

- Kohlenhydrate: 18g

- Fette: 5g

Tag 36

Frühstück: Kirsche-Bananen-Shake

Energieschub-Shake

Zwei wohlschmeckende Zutaten in einem Shake. Kirschen und Bananen beinhalten sehr viele Ballaststoffe, die dein Körper braucht, wenn du eine große Menge an Proteinen zu dir nimmst. Versuch dieses Getränk vor einer Trainingseinheit – Tag und Nacht.

Zubereitung:

Vermische alle Zutaten in einem Entsafter oder in einer Küchenmaschine bei hoher Geschwindigkeit. Genieße anschließend einen leckeren Shake.

Zutaten:

- 1/2 Tasse Kirschen (dunkel, süß, entkernt)
- 1/2 Tasse Bananen
- 4 Esslöffel Weizenkeime
- Eiswürfel (nach Belieben)
- 1/2 Tasse Weizenprotein

Nährwertangaben:

- Kalorien:300
- Proteine: 39g
- Kohlenhydrate: 18g
- Fette: 5g

Tag 37

Frühstück: Eier-Manie-Shake

Muskelaufbau-Shake

Du kannst ein Muskelaufbau-Shakerezept erhalten, das ganz ohne Proteinpulver auskommt und trotzdem eine ausreichende Menge Proteinen liefert. Die Kichererbsen verleihen ihm eine grüne Farbe, aber sie verändern den Geschmack nicht. Das ist eine großartige Kombination aus Proteinen und Kohlehydraten.

Zubereitung:

Vermische alle Zutaten in einem Entsafter oder in einer Küchenmaschine bei hoher Geschwindigkeit. Genieße anschließend einen leckeren Shake.

Zutaten:

- 4 Eiweiß
- 1/2 Tasse Ziegenkäse
- 1 Banane
- 1/4 Tasse Kichererbsen
- Ananas-Stücke

- Kokosnussmilch
- Kokosnussextrakt kann hinzugefügt werden
- Eiswürfel

Nährwertangaben:

- Kalorien:280
- Proteine: 25g
- Kohlenhydrate: 40g
- Fette: 4g

Tag 38

Frühstück: Hoher-Protein-Shake

Muskelaufbau-Shake

Verbessere deine Leistung im Fitnessstudio, indem du die Menge an Proteinen steigerst, die du täglich zu dir nimmst. Dieser Shake ist reich an Porteinen und sehr geschmackvoll.

Zubereitung:

Vermische alle Zutaten in einem Entsafter oder in einer Küchenmaschine bei hoher Geschwindigkeit. Genieße anschließend einen leckeren Shake.

Zutaten:

- 1/2 Tasse Wasser
- 1 Kelle Molkenprotein-Pulver
- 2 Esslöffel Honig
- 1 Esslöffel geschmeidige Erdnussbutter
- 1/2 Eiswürfel

Nährwertangaben:

- Kalorien:114
- Proteine: 34g
- Kohlenhydrate: 5,2g
- Fette: 4,5g

Tag 39

Frühstück: Früchtemix-Shake

Muskelaufbau-Shake

Dieses Shake-Rezept kann ganz einfach dein Frühstück ersetzen, aber beinhaltet trotzdem eine gesunde Portion an Nährstoffen, um deinen Körper ausreichend zu versorgen. Es beinhaltet viele Nährstoffe, die dein Körper braucht, um einen guten Start in den Morgen zu haben. Proteine und Kohlenhydrate sind in diesem Rezept inbegriffen, damit sie dir Energie und Stärke während des Trainings verleihen.

Zubereitung:

Vermische alle Zutaten in einem Entsafter oder in einer Küchenmaschine bei hoher Geschwindigkeit. Genieße anschließend einen leckeren Shake.

Zutaten:

- 1/2 Banane, gewürfelt
- 1/2 Tasse gewürfelter Erdbeeren
- 1 kleiner Apfel
- 1 kleine Pflaume

- 1 Tasse Schokoladenmilch

- 1 Esslöffel geschmeidige Erdnussbutter

- 1 Kelle Molkenprotein-Pulver

Nährwertangaben:

- Kalorien:700

- Proteine: 46g

- Kohlenhydrate: 90g

- Fette: 20g

Tag 40

Frühstück: Schoko-Shake

Muskelaufbau-Shake

Eine großartige Art und Weise um dunkle Schokolade mit den richtigen Zutaten zu vereinen, um einen Shake zu kreieren, der deine Leistung im Fitnessstudio sowie dein Muskelwachstum steigert.

Zubereitung:

Vermische alle Zutaten in einem Entsafter oder in einer Küchenmaschine bei hoher Geschwindigkeit. Genieße anschließend einen leckeren Shake.

Zutaten:

- 1 Riegel dunkle Schokolade
- 4 Eier
- 3 Tassen Milch
- 1 Kellen Molkenprotein-Pulver

Nährwertangaben:

- Kalorien: 290

- Proteine: 45g

- Kohlenhydrate: 37g

- Fette: 19g

Tag 41

Frühstück: Von-Jedem-Etwas-Shake

Muskelaufbau-Shake

Dieses Shake-Rezept ist eine ausgezeichnete Quelle für Proteine und Ballaststoffe, die dein Körper braucht. Er steckt voller Nährstoffe und Vitaminen, die dir sowohl zu größeren Muskeln als auch zu mehr Energie verhelfen, wenn du trainierst.

Zubereitung:

Vermische alle Zutaten in einem Entsafter oder in einer Küchenmaschine bei hoher Geschwindigkeit. Genieße anschließend einen leckeren Shake.

Zutaten:

- Trauben, 4 Trauben, kernlos
- Brombeeren, frisch, 0,5 gramm
- Heidelbeeren, frisch, 25 Beeren
- Erdbeeren, frisch, 0,5 gramm
- Ananas, frisch, 1 Scheibe, dünn (9 cm Durchmesser x 1, 5 cm dick)

- Äpfel, frisch, 10 gramm
- Joghurt, natur, fettreduziert, 120 ml
- Kohl, 0,5 gramm
- Broccoli, frisch, 1 Stange
- Orangen, 0,5 gramm
- 1 Kelle Molkenprotein-Pulver

Nährwertangaben:

- Kalorien: 280
- Proteine: 48g
- Kohlenhydrate: 31g
- Fette: 4,2g

Tag 42

Frühstück: Wach-jetzt-auf-Shake

Muskelaufbau-Shake

Auf diese Art solltest du den Tag beginnen: Energie ist das passende Wort für diesen Shake, aber denk nicht, dass er nicht gut sei um Muskeln aufzubauen, weil du damit falsch liegst.

Zubereitung:

Vermische alle Zutaten in einem Entsafter oder in einer Küchenmaschine bei hoher Geschwindigkeit. Genieße anschließend einen leckeren Shake.

Zutaten:

- 1 frische Banane, mittel
- 2 Portionen (60 g) Haferflocken
- 1-2 Esslöffel Erdnussbutter, geschmeidig
- 1 Tasse (250 ml) Joghurt, natur, fettreduziert (0% - 1,5)
- 0,5 Esslöffel (oder weniger) Zimt, gemahlen

Nährwertangaben:

- Kalorien: 650
- Proteine: 28g
- Kohlenhydrate: 85g
- Fette: 10g

Tag 43

Abendessen: Mango-Tango-Shake

Muskelaufbau-Shake

Das ist ein großartiger Shake, den du an anderen Tagen hinzufügen kannst, so dass du zwei Shakes pro Tag zu dir nimmst, da er reich an Ballaststoffen ist und nur wenig Fett hat. Dieser magere Shake wird dir helfen, im Fitnessstudio jegliche Müdigkeit zu vertreiben und deine Leistung zu verbessern.

Zubereitung:

Vermische alle Zutaten in einem Entsafter oder in einer Küchenmaschine bei hoher Geschwindigkeit. Genieße anschließend einen leckeren Shake.

Zutaten:

- 2 große Erdbeeren, frisch oder gefroren
- 10 Heidelbeeren, frisch oder gefroren
- 1 Tasse Orangensaft
- 1/2 Mango, frisch oder gefroren
- 1 Kelle Molkenprotein-Pulver

Nährwertangaben

- Kalorien:250
- Proteine: 30.5g
- Kohlenhydrate: 52g
- Fette: 8.4g

Tag 44

Frühstück: Ananas-Mandarinen-Shake

Muskelaufbau-Shake

Um Muskeln zu gewinnen gibt es kein Geheimnis. Du musst trainieren und dich richtig ernähren! Du wirst straucheln, wenn du nicht genug Energie während des Trainings hast und darum gib Zutaten dazu, die dir einen Schub verleihen, wenn es sein muss. Das macht den Unterschied, wenn du versuchst, stärkere Muskeln zu erhalten.

Zubereitung:

Vermische alle Zutaten in einem Entsafter oder in einer Küchenmaschine bei hoher Geschwindigkeit. Genieße anschließend einen leckeren Shake.

Zutaten:

- 1/2 Tasse Ananas, gefrorene Stücke
- 1/2 Tasse Mandarinen, (Mandarinen, Orangen) in Dosen
- 2 Teelöffel Honig
- 1 Kelle Molkenprotein-Pulver

Nährwertangaben:

- Kalorien:150
- Proteine: 39g
- Kohlenhydrate: 17g
- Fette: 11g

Tag 45

Frühstück: Erdnussbutter-Apfel-Shake

Muskelaufbau-Shake

Shakes können eine große Quelle an Kalorien und Energie sein, was wichtig ist, um Muskelmasse anzulegen. Dieser lecker schmeckende Shake wurde kreiert, um dir zu helfen, dein Muskelwachstum zu steigern und dein Energielevel auf einem hohen Niveau zu halten.

Zubereitung:

Vermische alle Zutaten in einem Entsafter oder in einer Küchenmaschine bei hoher Geschwindigkeit. Genieße anschließend einen leckeren Shake.

Zutaten:

- 3/4 Tasse Natur- oder Vanillejoghurt
- 2 Esslöffel Erdnussbutter
- 1 Banane
- 1/8 Tasse Milch
- 3/4 Tasse Eis

- 1 Apfel

Nährwertangaben:

- Kalorien: 440
- Proteine: 22g
- Kohlenhydrate: 50g
- Fette: 19g

Tag 46

Frühstück: Bananen-Super-Shake

Muskelaufbau-Shake

Die Vanille-Mandel-Milch wird dies zu einem großartigen Protein-Shake machen. Er regt das Muskelwachstum an ohne deine Ernährung ins Ungleichgewicht zu überführen. Du kannst die Menge an Zimt reduzieren oder ganz weglassen, um diesem Shake deine persönliche Note zu verleihen.

Zubereitung:

Vermische alle Zutaten in einem Entsafter oder in einer Küchenmaschine bei hoher Geschwindigkeit. Genieße anschließend einen leckeren Shake.

Zutaten:

- 1/2 Tasse Vanille-Mandel-Milch
- 1/2 Tasse Wasser
- 1/2 Banane
- Prise Zimt
- 1 Kelle Vanilleprotein-Pulver

Nährwertangaben:

- Kalorien:350
- Proteine: 43g
- Kohlenhydrates: 25g
- Fette: 5g

Tag 47

Frühstück: Dunkler-Hafer-Power-Shake

Muskelaufbau-Shake

Die Kombination aus dunkler Schokolade, Ziegenkäse und Haferflocken wird deine Muskelentwicklung beschleunigen und dir einen Energieschub verleihen, nach dem du im Fitnessstudio verlangst. Außerdem verbessert er deine Verdauung und stärkt dein Herz.

Zubereitung:

Vermische alle Zutaten in einem Entsafter oder in einer Küchenmaschine bei hoher Geschwindigkeit. Genieße anschließend einen leckeren Shake.

Zutaten:

- 1/2 Tasse Ziegenkäse (oder 1 Tasse Griechischer Joghurt)
- 1/2 - 1 Tasse Wasser (abhängig von der gewünschten Dicke) oder Milch
- 10g dunkle Schokolade
- ½ Tasse rohe Haferflocken

- 1/2 Banane

- 1 Kelle Molkenprotein-Pulver

Nährwertangaben:

- Kalorien:150

- Proteine: 40g

- Kohlenhydrate: 20g

- Fette: 8g

Tag 48

Frühstück: Milch-Protein-Shake

Muskelaufbau-Shake

Um deine Muskelmasse zu gewinnen und zu bewahren, musst du deinen Kohlenhydrate und Proteine erhöhen, so dass dir genug Energie zur Verfügung steht, um hart zu arbeiten. Die Zutaten erlauben es deinen Muskeln, sich voll zu entwickeln.

Zubereitung:

Vermische alle Zutaten in einem Entsafter oder in einer Küchenmaschine bei hoher Geschwindigkeit. Genieße anschließend einen leckeren Shake.

Zutaten:

- 1 Kelle Molkenprotein-Pulver
- 1/2 Banane
- 1/2 Tasse Mandelstücke
- 235 ml Milch
- 3 Eiswürfel

Nährwertangabe:

- Kalorien: 335
- Proteine: 31g
- Kohlenhydrate: 25g
- Fette: 18g

Tag 49

Frühstück: Avocado-Shake

Muskelaufbau-Shake

Protein-Shakes mit Gemüse sind ungewöhnlich, aber sie sollten normaler werden aufgrund des Mehrwertes, den sie für deine Ernährung und deinen Körper haben. Avocado wird von einigen als "Superfrucht" angesehen und tut deinem Körper gut.

Zubereitung:

Vermische alle Zutaten in einem Entsafter oder in einer Küchenmaschine bei hoher Geschwindigkeit. Genieße anschließend einen leckeren Shake.

Zutaten:

- 1/2 Avocado
- 1 Esslöffel zerstückelte Kokosnuss
- 1 Tasse Mandelmilch
- 1 Kelle Molkenprotein-Pulver

Nährwertangabe:

- Kalorien:300

- Proteine: 35g
- Kohlenhydrate: 20g
- Fette: 8g

Tag 50

Frühstück: Beeren-Shake

Muskelaufbau-Shake

Eine komplette Kombination aus Beeren und Proteinen um das Muskelwachstum zu fördern und zu bewahren – alles mit einem Shake. Der Geschmack ist göttlich und die Ergebnisse noch besser, wenn du hart trainieren musst und Resultate sehen willst.

Zubereitung:

Vermische alle Zutaten in einem Entsafter oder in einer Küchenmaschine bei hoher Geschwindigkeit. Genieße anschließend einen leckeren Shake.

Zutaten:

- ½ Tasse Erdbeeren
- ¼ Tasse gemischter Beeren (Himbeeren, Heidelbeeren und Brombeeren)
- ¼ Tasse Bio-Granatapfelsaft
- ¼ Tasse Bio-Traubensaft

- Eine Hand voll geschnittener Mandeln zum Garnieren

- 1 Kelle Molkenprotein-Pulver

Nährwertangaben:

- Kalorien:200

- Proteine: 31g

- Kohlenhydrate: 19g

- Fette: 1g

ABNEHM-KALENDER

Woche 1

Tag 1:

Frucht-Nuss-Jogurt

Eierflockensuppe mit Hähnchen und Nudeln

Pilz-Zitronen-Pilau

Tag 2:

Gebackenes Eier- und Gemüsefrühstück

Truthahnpfanne

Gefüllte Aubergine

Tag 3:

Frühstücks-Guacamole

Zitroniger, gegrillter Lachs

Orangen-Walnuss-Blaukäse-Salat

Tag 4:

Fitness-Smoothie

Hähnchen-Mais-Salat

Vegetarisches rotes Curry

Tag 5:

Bananen-Haferflocken-Pfannkuchen

Würzige Forelle

Gefüllte Zucchini

Tag 6:

Thunfisch auf Toast

Knoblauch-Rindfleisch

Fruchtsalat

Tag 7:

Schinken-Brie-Omelette mit Salat

Reis-Tomaten-Suppe

Salat mit geräucherter Forelle, roter Bete, Fenchel und Apfel

Woche 2

Tag 1:

Beeren-Smoothie

Zitronen-Spaghetti mit Broccoli und Thunfisch

Gefüllte Pilze

Tag 2:

Frühlingszwiebel-Truthahn-Wrap

Hähnchen mit Pilzen

Mexikanischer Reis-Bohnen-Salat

Tag 3:

Pochierte Eier mit Räucherlachs und Spinat

Bohnen-Pfeffer-Chili

Brühe aus Thai-Gemüse und Kokosmilch

Tag 4:

Hummus mit Fladenbrot und Gemüse

Gegrillter Fisch mit marokkanisch gewürzten Tomaten

Linsen-Karotten-Orangen-Suppe

Tag 5:

Haferflocken mit Äpfeln und Rosinen

Würziger Meeresfrüchteeintopf

Kichererbsen-Spinat-Curry

Tag 6:

Omelette aus Feta und halbgetrockneten Tomaten

Hähnchen gefüllt mit Spinat und Datteln

Geröstete Karotten mit Granatapfel und Ziegenkäse

Tag 7:

Frucht-Nuss-Jogurt

Krabbencurry

Mexikanischer Reis-Bohnen-Salat

Woche 3

Tag 1:

Schinken-Brie-Omelette mit Salat

Bohnen-Pfeffer-Chili

Würzige Forelle

Tag 2:

Fitness-Smoothie

Knoblauch-Rindfleisch

Gefüllte Aubergine

Tag 3:

Frühstücks-Guacamole

Truthahnpfanne

Fruchtsalat

Tag 4:

Gebackenes Eier- und Gemüsefrühstück

Zitroniger, gegrillter Lachs

Vegetarisches rotes Curry

Tag 5:

Bananen-Haferflocken-Pfannkuchen

Eierflockensuppe mit Hähnchen und Nudeln

Salat mit geräucherter Forelle, roter Bete, Fenchel und Apfel

Tag 6:

Thunfisch auf Toast

Reis-Tomaten-Suppe

Gefüllte Zucchini

Tag 7:

Beeren-Smoothie

Hähnchen-Mais-Salat

Orangen-Walnuss-Blaukäse-Salat

Woche 4

Tag 1:

Haferflocken mit Äpfeln und Rosinen

Zitronen-Spaghetti mit Broccoli und Thunfisch

Linsen-Karotten-Orangen-Suppe

Tag 2:

Pochierte Eier mit Räucherlachs und Spinat

Hähnchen mit Pilzen

Kichererbsen-Spinat-Curry

Tag 3:

Frühlingszwiebel-Truthahn-Wrap

Würziger Meeresfrüchtetopf

Geröstete Karotten mit Granatapfel und Ziegenkäse

Tag 4:

Omelette aus Feta und halbgetrockneten Tomaten

Bohnen-Pfeffer-Chili

Fruchtsalat

Tag 5:

Hummus mit Fladenbrot und Gemüse

Krabbencurry

Mexikanischer Reis-Bohnen-Salat

Tag 6:

Frucht-Nuss-Jogurt

Hähnchen gefüllt mit Spinat und Datteln

Brühe aus Thai-Gemüse und Kokosmilch

Tag 7:

Frühstücks-Guacamole

Würzige Forelle

Gefüllte Aubergine

2 weitere Tage für den kompletten Monat:

Tag 1:

Fitness Smoothie

Hähnchen-Mais-Salat

Orangen-Walnuss-Blaukäse-Salat

Tag 2:

Thunfisch auf Toast

Truthahnpfanne

Vegetarisches rotes Curry

ESSENSREZEPTE ZUM ABNEHMEN

FRÜHSTÜCK

1. Omelette aus Feta und halbgetrockneten Tomaten

Ein wirklich schnelles, einfaches Rezept mit wenig Kalorien, das deinem Tag den Kick-Start geben wird, den er verdient hat. Für eine extra Portion Geschmack, nutze Tomaten die in einer Mischung aus Olivenöl und italienischen Kräutern konserviert waren.

Zutaten (1 Portion):

2 Eier, geschlagen

25g Fetakäse, zerbröckelt

4 halbgetrocknete Tomaten, grob gehackt

1 Teelöffel Olivenöl

verschiedene Salatblätter, zum Garnieren

Zubereitungszeit: 5 min

Kochzeit: 5 min

Zubereitung:

Öl in einer kleinen, unbeschichteten Bratpfanne erhitzen, dann Eier hinzugeben und erhitzen, mit einem Holzlöffel verrühren. Wenn die Eier in der Mitte noch etwas flüssig sind, Tomaten und Feta hinzugeben, dann das Omelette in der Mitte falten. Eine Minute erhitzen, dann auf einem Teller mit verschiedenen Salatblättern servieren.

Nährwerte je Portion: 300kcal, 18g Proteine, 20g Fett (7 gesättigt), 5g Kohlenhydrate (1g Ballaststoffe, 4g Zucker), 1,8g Salz, 15% Calcium, 22% Vitamin D, 20% Vitamin A, 15% Vitamin C, 25% Vitamin B12.

2. Haferflocken mit Äpfeln und Rosinen

Ein warmes, füllendes Frühstück reich an Calcium, das leicht im Magen liegt und wegen seines hohen Anteils an Kohlenhydraten ideal vor einem Training anbietet. Einfach mit Zimt bestreuen für einen süßen, hölzernen Duft.

Zutaten(2 Portionen):

50g Haferflocken

250ml Milch (1,5% Fett)

2 Äpfel, geschält und geschnitten

50g Rosinen

½ Esslöffel Honig

Zubereitungszeit: 5min

Kochzeit: 10 min

Zubereitung:

Milch in einem Topf bei mittlerer Hitze zum Kochen bringen und mit den Haferflocken für 3 Minuten verrühren. Wenn die Mischung cremig wird, Äpfel und Rosinen hinzugeben und für weitere 2 min kochen. Das

Ganze in zwei Schüsseln abfüllen, Honig hinzugeben und direkt servieren.

Nährwert pro Portion: 256kcal, 9g Proteine, 2g Fett (1g gesättigt), 47g Kohlenhydrate (4g Ballaststoffe, 34g Zucker), 17% Calcium, 11% Eisen, 17% Magnesium.

3. Hummus mit Fladenbrot und Gemüse

Dies ist ein einfaches und nährstoffreiches Frühstück, das du morgens schnell zubereiten und mit auf die Arbeit nehmen kannst. Der Hummus bleibt im Kühlschrank und das Gemüse kann in ein Fladenbrot gepackt werden, so dass ein leicht zu schnappendes Sandwich entsteht.

Zutaten(2 Portionen):

1 200g Kichererbsen, getrocknet

1 Zehe Knoblauch, zerhackt

25g Tahin

¼ Teelöffel Kümmel

Zitronensaft, gepresst aus ¼ Zitrone

Salz, Pfeffer

3 Esslöffels Wasser

2 Vollkorn-Fladenbrot

200g Gemüsemix (Karotten, Sellerie, Gurke)

Zubereitungszeit: 15 min

Kein Kochen

Zubereitung:

Kichererbsen, Knoblauch, Tahin, Kümmel, Zitronensaft, Salz, Pfeffer und Wasser in einen Mixer geben und mehrmals zerkleinern, bis eine cremige Mischung herauskommt.

Mit getoastetem Fladenbrot und Gemüsemix servieren.

Nährwert pro Portion: 239kcal, 9g Proteine, 9g Fett (1g gesättigt), 28g Kohlenhydrate (6g Ballaststoffe, 4g Zucker), 1,1g Salz, 27% Eisen, 23% Magnesium, 14% Vitamin B1.

4. Frühlingszwiebel-Truthahn-Wrap

Was kann man mit Truthahnresten besseres machen, als ein schnelles, leckeres Tortilla-Sandwich? Mach dir ein Essen, das reich an Proteinen und arm an gesättigtem Fett ist, das Ganze abgeschmeckt mit dem zarten Geschmack von Basilikum.

Zutaten(2 Portionen):

130g Truthahn (gekocht oder angebraten), zerkleinert

3 Frühlingszwiebeln, zerkleinert

1 Gurke, zerkleinert

2 Blatt Kopfsalat

1 Esslöffels Mayonnaise (light)

1 Esslöffel Pesto

2 Vollkorn-Tortillas

Zubereitungszeit: 5mins

Kein Kochen

Zubereitung:

Pesto und Mayonnaise vermischen. Truthahn, Frühlingszwiebeln und Salatblätter auf die 2 Tortillas verteilen. Das Pesto-Dressing darüber geben, den Wrap zusammenfalten und servieren.

Nährwert pro Portion: 267kcal, 24g Proteine, 9g Fett (2g gesättigt), 25g Kohlenhydrate (2g Ballaststoffe, 3g Zucker), 1,6g Salz, 34% Vitamin B3, 27% Vitamin B6.

5. Beeren-Smoothie

Was für einen besseren Weg gibt es, um den halben Tagesbedarf an Calcium zu decken, als eine cremige Mahlzeit auf Joghurt-Basis? Füge ein paar Ballaststoffe hinzu und mach das Ganze sogar noch nährstoffreicher, in dem du die Hälfte der Beeren nicht in den Mixer gibst, sondern erst danach dem Smoothie hinzufügst.

Zutaten(2 Portionen):

450g gefrorene Beeren

450g Joghurt (1,5% Fett)

100ml Milch (1,5% Fett)

25g Haferflocken

1 Teelöffel Honig (optional)

Zubereitungszeit: 10 min

Kein Kochen

Zubereitung:

Beeren, Joghurt und Milch in einem Mixer vermengen bis ein Smoothie entsteht. Dann Haferflocken hinzugeben und unterrühren und in 2 Gläser abfüllen. Mit etwas Honig servieren.

Nährwert pro Portion: 234kcal, 16g Protein, 2g Fett (2g gesättigt), 36g Kohlenhydrate (14g Zucker), 45% Calcium, 11% Magnesium, 18% Vitamin B2, 21% Vitamin B12.

6. Pochierte Eier mit Räucherlachs und Spinat

Ein sättigendes Frühstück reich an Proteinen, das deinem Tag einen zufriedenstellenden Start geben wird. Du wirst kein Problem haben, deinen Tagesbedarf an Vitamin A zu erreichen und dein Herz wird dir für Zufuhr von Omega-3-Fettsäuren danken.

Zutaten(1 Portion):

2 Eier

100g Spinat, zerkleinert

50g Räucherlachs

1 Esslöffel weißer Essig

Etwas Butter

1 Stück Vollkornbrot, getoastet

Zubereitungszeit: 5 min

Kochzeit: 20 min

Zubereitung:

Unbeschichtete Bratpfanne erhitzen und den Spinat für 2 Minuten unter Umrühren erhitzen.

Um die Eier zu pochieren, einen Topf Wasser zum Kochen bringen, Essig hinzugeben und die Temperatur dann reduzieren. Das Wasser erhitzen, bis es kocht und dann die Eier einzeln hinzugeben. Die Eier jeweils 4 Minuten kochen und dann mit einem Löffel entnehmen.

Das Stück Toast mit Butter bestreichen, dann den Spinat darauf geben sowie Räucherlachs und Eier hinzufügen. Nach Bedarf würzen und servieren.

Nährwert pro Portion: 349kcal, 31g Proteine, 19g Fett (6g gesättigt), 13g Kohlenhydrate (4g Ballaststoffe, 2g Zucker), 3,6g Salz, 23% Eisen, 23% Magnesium, 197% Vitamin A, 46% Vitamin C, 21% Vitamin D, 15% Vitamin B6, 18% Vitamin B12.

7. Schinken-Brie-Omelette mit Salat

Ein leckeres Omelette für all jene, die den Tag gerne mit einer gesunden Portion Eiern und Proteinen beginnen. Das Omelette in Stücke schneiden, um ihm einen Frittata-Look zu verpassen und mit Salat statt Brot genießen, um die Kalorien zu reduzieren.

Zutaten(2 Portionen):

3 Eier, leicht geschlagen

100g geräucherte Speckstreifen

50g Briekäse, in Scheiben geschnitten

Etwas Schnittlauch, zerkleinert

1 Esslöffel Olivenöl

½ Teelöffel Rotweinessig

½ Teelöffel Dijon-Senf

½ Gurke, halbiert und entkernt

100g Radieschen, geviertelt

Zubereitungszeit: 5 min

Kochzeit 15 min

Zubereitung:

1 Teelöffel Öl in einer kleinen Pfanne erhitzen, Speckstreifen hinzugeben und knusprig braten, dann aus der Pfanne herausnehmen und auf einem Küchenpapier trocknen lassen.

1 Teelöffel Öl in einer unbeschichteten Bratpfanne erhitzen, dann Speckstreifen, Eier und etwas Pfeffer vermengen. Bei geringer Hitze garen und anschließend den Brie hinzugeben und weiter anbraten, bis es golden glänzt.

Das restliche Olivenöl, Essig, Gewürze und Senf in einer Schale vermengen und Gurken und Radieschen hinzugeben. Mit dem Omelette zusammen servieren.

Nährwert pro Portion: 395kcal, 25g Proteine, 31g Fett (12g gesättigt), 3g Kohlenhydrate (2g Ballaststoffe, 3g Zucker), 2,2g Salz, 10% Vitamin A, 13% Vitamin C, 15% Vitamin D, 13% Vitamin B12.

8. Fitness-Smoothie

Ein milchfreier, veganer Smoothie mit Granatapfelsaft, der dich mit Energie für Arbeit oder Training versorgen wird. Du kannst einen Esslöffel Leinsamen dazugeben, um 2 weitere Gramm Ballaststoffe für nur 37 kcal mehr zu erhalten.

Zutaten(1 Portion):

125ml Sojamilch

150ml Granatapfelsaft

30g Tofu

1 große Banane, in Stücke geschnitten

1 Teelöffel Honig

1 Esslöffel Mandeln

2 Eiswürfel

Zubereitungszeit: 5 min

Kein Kochen

Zubereitung:

Sojamilch und Granatapfelsaft mit 2 Eiswürfeln vermischen bis die Eiswürfel zerkleinert sind.

Banane, Honig und Tofu hinzugeben und mixen, bis ein Smoothie entsteht. Anschließend in ein Glas geben und mi den Mandeln bestreuen.

Nährwert pro Portion: 366kcal, 10g Proteine, 12g Fett (1g gesättigt), 55g Kohlenhydrate (4g Ballaststoffe, 50g Zucker), 13% Calcium, 11% Eisen, 15% Magnesium, 14% Vitamin C, 25% Vitamin B6.

9. Thunfisch auf Toast

Ein wirklich schnelles, kalorienarmes Rezept, das eine hohe Menge an B12 liefert und so die Nervenzellen schützt. Wenn du eine Energiespritze suchst, verteile die Masse auf einem Stück Vollkornbrot mit etwa 120 kcal pro Scheibe und serviere es mit Paprikaschoten.

Zutaten(4 Portionen):
2 Dosen eingelegter Thunfisch (185g), halb getrocknet
3 hartgekochte Eier
1 Frühlingszwiebel, fein zerkleinert
5 kleine Essiggurken, in Scheiben geschnitten
Salz, Pfeffer
4 Paprikaschoten, halbiert, entkernt

Zubereitungszeit: 5 min
Kochzeit: 10 min

Zubereitung:

Thunfisch, Eier, Frühlingszwiebeln, Gurken und Gewürze in einem Mixer vermengen bis alles cremig wird.

Die Hälften der Paprikaschoten mit der Creme befüllen und servieren.

Nährwert pro Portion: 240kcal, 23g Proteine, 8g Fett (2g gesättigt), 4g Kohlenhydrate (1g Ballaststoffe, 2g Zucker), 14% Magnesium, 47% Vitamin A, 28% Vitamin B6, 142% Vitamin B12.

10. Bananen-Haferflocken-Pfannkuchen

Genieße diese gesündere Version von Pfannkuchen, die den normalen Teig durch gerollte Haferflocken ersetzt. Die Bananen dienen als Zuckersatz, können aber auch durch einen Teelöffel Honig (23 kcal pro Teelöffel) ergänzt werden.

Zutaten(8 Pfannkuchen):

50g gerollte Haferflocken

4 Eier, leicht geschlagen

2 Bananen, in Stücke geschnitten

½ Teelöffel Zimt

1 Teelöffel Olivenöl pro Pfannkuchen

Zubereitungszeit: 5 min

Kochzeit: 30 min

Zubereitung:

Die Zutaten in einen Mixer geben. Eine unbeschichtete Bratpfanne erhitzen, einen Teelöffel Öl und eine Viertel

Tasse der Mischung hinzugeben. Auf jeder Seite braten, bis der Pfannkuchen leicht braun wird.

Nährwert je Pfannkuchen: 135kcal, 4g Proteine, 13g Fett (3g gesättigt), 10g Kohlenhydrate (1g Ballaststoffe, 3g Zucker).

11. Frühstücks-Guacamole

Mit einer Mahlzeit, die Avocado enthält, kann man nichts falsch machen. Reich an gesunden Fetten und Ballaststoffen, mit einer zarten Note und einem Geschmack abgerundet durch Zitronensaft, wird dich diese Frühstücks-Guacamole bis zum Mittagessen mit Energie versorgen.

Zutaten(2 Portionen):

1 Avocado

1 große Tomate, grob zerkleinert

1 Frühlingszwiebel, fein zerkleinert

1 Knoblauchzehe, gepresst

Zitronensaft von einer ½ Zitrone

Salz

Gemahlener schwarzer Pfeffer

2 Scheiben Vollkornbrot, getoastet

Zubereitungszeit: 5 min

Kein Kochen

Zubereitung:

Avocado der Länge nach halbieren und den Inhalt mit einem Löffel auskratzen. Mit einer Gabel zerdrücken. Den Zitronensaft über die Masse verteilen und Tomaten, Frühlingszwiebeln und Knoblauch hinzugeben. Mit Salz und viel schwarzem Pfeffer würzen. Umrühren, auf einer Scheibe Brot verstreichen und sofort servieren.

Nährwert pro Portion: 280kcal, 9g Proteine, 13g Fett (2g gesättigt), 30g Kohlenhydrate (9g Ballaststoffe, 5g Zucker), 10% Eisen, 17% Magnesium, 14% Vitamin A, 29% Vitamin C, 17% Vitamin B6.

12. Gebackenes Eier- und Gemüsefrühstück

Ein einfallsreiches, leicht zuzubereitendes Frühstück, das die Eier backt, anstatt sie anzubraten und dir so eine beträchtliche Menge an gesättigten Fetten erhält. Die Eier machen satt, während das Gemüse nicht nur gut schmeckt, sondern auch voller Vitamin A und C ist.

Zutaten(1 Portion):

2 große Pilze

2 mittlere Tomaten, halbiert

100g Spinat

2 Eier

1 Knoblauchzehe, fein geschnitten

1 Teelöffel Olivenöl

Zubereitungszeit: 5 min

Kochzeit: 30 min

Zubereitung:

Den Ofen auf 200C Umluft erhitzen. Tomaten und Pilze in eine ofenfeste Form geben. Knoblauch, Öl und Gewürze darüber verteilen und für 10 Minuten backen.

Den Spinat in eine große Pfanne geben, dann einen Topf heißen Wassers darüber gießen, um es abzuwelken. Das restliche Wasser hinausdrängen und dann den Spinat auf den Teller geben. Eine kleine Lücke zwischen dem Gemüse schaffen und die Eier in die Form geben. Für weitere 10 min im Ofen garen bis die Eier fertig sind.

Nährwert pro Portion: 254kcal, 18g Proteine, 16g Fett (4g gesättigt), 16g Kohlenhydrate (6g Ballaststoffe, 10g Zucker), 31% Eisen, 17% Calcium, 29% Magnesium, 238% Vitamin A, 11% Vitamin D, 102% Vitamin C, 18% Vitamin B1, 51% Vitamin B2, 20% Vitamin B3, 29% Vitamin B6, 22% Vitamin B12.

13. Frucht-Nuss-Joghurt

Als eine großartige Alternative zu Müsli wird dich dieses Frühstück reich an Kohlenhydraten bis zum Mittagessen satt machen und dich mit der Energie versorgen, die du für deine Aufgaben brauchst. Die Nussmischung liefert eine große Menge an gesunden Fetten, während der Joghurt eine halbe Tagesportion an Calcium liefert.

Zutaten(1 Portion):

1 mittelgroße Banane, in Scheiben geschnitten

100g Heidelbeeren (frisch oder tiefgekühlt)

20g Walnüsse

20g Haselnüsse

10g Rosinen

200g fettfreier Jogurt

Zubereitungszeit: 5 min

Kein Kochen

Zubereitung:

Die Früchte mit den Nüssen vermengen und in einer Schüssel mit Joghurt servieren.

Nährwert pro Portion: 450kcal, 13g Proteine, 25g Fett (2g gesättigt), 54g Kohlenhydrate (9g Ballaststoffe, 32g Zucker), 44% Calcium, 16% Magnesium, 30% Vitamin C, 36% Vitamin B6.

MITTAGESSEN

14. Eierflockensuppe mit Hähnchen und Nudeln

Ein schnell und einfach zuzubereitendes Gericht, perfekt als Mahlzeit in der Mitte des Tages. Die Nudeln bieten genügend energieliefernde Kohlenhydrate, die dich über den Tag hinweg versorgen werden. Darüber hinaus ist die Mahlzeit reich an Vitamin B.

Zutaten(2 Portionen):

1 Hähnchenbrust ohne Haut und Knochen, gewürfelt

1 Ei, geschlagen

0,6l Hühnerbrühe

1 Frühlingszwiebel, fein zerkleinert

70g Vollkornnudeln

70g gefrorener Zuckermais, der Länge nach halbiert

Zitronensaft

¼ Teelöffel Sherry-Essig

Zubereitungszeit: 10 min

Kochzeit: 15 min

Zubereitung:

Hähnchen und Brühe in einem großen Topf für 5 min zum Sieden bringen. Die Nudeln gemäß den Anweisungen auf der Packung kochen.

Den Mais hinzugeben und für 2 min Kochen. Die Brühe weiter kochen und umrühren. Anschließend eine Gabel über den Topf halten und die Eier darüber langsam in den Topf fließen lassen. Weiter gleichmäßig in dieselbe Richtung umrühren und dann den Herd ausschalten. Zitronensaft und Essig hinzugeben.

Die Nudeln abgießen und auf zwei Schüsseln verteilen. Die Brühe hinzugießen und mit den Zwiebeln bestreut servieren.

Nährwert pro Portion: 273kcal, 26g Proteine, 6g Fett (1g gesättigt), 30g Kohlenhydrate (3g Ballaststoffe, 2g Zucker), 1g Salz, 96% Vitamin B3, 42% Vitamin B6.

15. Hähnchen-Mais-Salat

Ein Paprika-gewürztes Hähnchen, serviert mit gegrilltem Mais und frischem, knackigem Kopfsalat ergibt einen gesunden, schnellen Salat mit großen Mengen an Vitamin B.Das Dressing auf Knoblauchbasis perfektioniert ein bereits leckeres Essen.

Zutaten(2 Portionen):

2 kleine, gehäutete Hähnchenbrüste

1 Maiskolben

2 kleine Salatblätter, der Länge nach geviertelt

½ Gurke, in Scheiben geschnitten

1 Knoblauchzehe, gemahlen

1 Esslöffel Olivenöl

1 Teelöffel Paprika

Zitronensaft von einer halben Melone

Salatdressing (2 Portionen):

1 Knoblauchzehe, gepresst

75ml Quark

1 Esslöffel Weißwein-Essig

Zubereitungszeit: 20 min

Kochzeit: 20 min

Zubereitung:

Die Hähnchenbrüste der Länge nach halbieren, so dass sie 4 Streifen ergeben. Paprika, Knoblauch, 1 Teelöffel Öl und Zitronensaft mit Gewürzen vermischen und das Hähnchen für mindestens 20 min marinieren.

Eine Pfanne erhitzen, das restliche Öl hinzugeben und das Hähnchen für 3-4 min auf jeder Seite garen, bis es durch ist. Den Mais im verbliebenen Öl für 5 min braten bis er leicht bräunlich ist. Gleichmäßig anbraten! Die Maiskolben entfernen und die Maiskerne abschneiden.

Die Zutaten für das Dressing vermengen.

Gurke und Salat vermischen, Hähnchen und Mais darauf garnieren und das Dressing darübergeben.

Nährwert pro Portion : 253kcal, 29g Proteine, 8g Fett (1g gesättigt), 14g Kohlenhydrate (3g Ballaststoffe, 6g Zucker), 20% Eisen, 40% Magnesium, 96% Vitamin B3, 72% Vitamin B6.

16. Zitronen-Spaghetti mit Broccoli und Thunfisch

Mehr als 15 Minuten braucht man nicht, um diese pikante Fisch-Pasta zuzubereiten, die eine gehörige Portion Energie liefert. Die Mischung aus Spaghetti, Thunfisch und Gemüse macht es zu einer vollumfänglich nährreichen Mahlzeit.

Zutaten(2 Portionen):

180g Vollkorn-Spaghetti

100g Thunfisch in Öl eingelegt, abgetropft

125g Broccoli, in kleine Blüten geschnitten

40g entkernte grüne Oliven, geviertelt

1 Esslöffel Kapern, abgetropft

Saft und Fruchtfleisch von einer ½ Zitrone

1 Teelöffel Olivenöl, plus extra zum Träufeln

Zubereitungszeit: 5 min

Kochzeit: 10 min

Zubereitung:

Die Spaghetti gemäß den Angaben auf der Packung kochen. Nach 6 Minuten Broccoli hinzugeben und für mindestens 4 min kochen, bis beides weich ist.

Die Oliven, Charlotten, Kapern, Thunfisch, Zitronensaft und Fruchtfleisch in einer großen Schüssel vermengen. Pasta und Broccoli abtropfen lassen und zur Schüssel hinzugeben, gut vermengen und mit Olivenöl und schwarzem Pfeffer servieren.

Nährwert pro Portion: 440kcal, 23g Proteine, 11g Fett (2g gesättigt), 62g Kohlenhydrate (5g Ballaststoffe, 4g Zucker), 1,4g Salz, 12% Eisen, 20% Magnesium, 25% Vitamin A, 50% Vitamin B3, 25% Vitamin B6, 90% Vitamin B12.

17. Zitroniger, gegrillter Lachs

Reich an gesunden Fetten, Proteinen und Vitamin B ist der Lachs definitiv ein Fisch, der einen Platz auf dem Teller verdient. Mit einem einfachen Mix aus Tomaten und grünem Lachs servieren, um den feinen Geschmack dieses zitronigen Essens zu erhalten.

Zutaten(2 Portionen):

2*150g grätenfreies Lachsfilet

Saft und Fleisch von einer ½ Zitrone

10g frischer Estragon, fein zerkleinert

1 Knoblauchzehe, fein zerkleinert

1 Esslöffel Öl

Zubereitungszeit: 5 min

Kochzeit: 10 min

Zubereitung:

Fruchtfleisch und Saft der Zitrone, Knoblauch, Estragon und Olivenöl in einer Schüssel verrühren, mit Salz und

Pfeffer abschmecken und anschließend das Lachsfilet hinzugeben. Die Mischung auf dem Fisch verstreichen und für 10 min zur Seite stellen.

Den Grill auf eine hohe Stufe stellen, die Lachsfilets aus der Marinade nehmen, auf eine Backform geben und für 7-10 min grillen. Servieren sobald der Lachs gar ist.

Nährwert pro Portion: 322kcal, 31g Proteine, 22g Fett (4g gesättigt), 1g Kohlenhydrate, 12% Vitamin B2, 30% Vitamin B1, 60% Vitamin B3, 45% Vitamin B6, 79% Vitamin B12.

18. Reis-Tomaten-Suppe

Ein herzhafter Hauptgang - die Reis-Tomaten-Suppe bietet sich als großartige Gelegenheit an, den Vorteil frischer und schmackhafter Tomaten im Sommer zu ergreifen. Kann auch kalt serviert werden für eine erfrischende Wirkung.

Zutaten(2 Portionen):

70g brauner Reis

200g Tomaten, zerkleinert

1 Teelöffel Tomatenmark

1 Frühlingszwiebel, fein zerkleinert

1 kleine Möhre, fein zerkleinert

½ Sellerie, fein zerkleinert

½ l Gemüseboullion aus 1 Würfel

1 Teelöffel Kandiszucker

1 Teelöffel Essig

Etwas Petersilie, zerkleinert

Ein wenig Pesto, zum garnieren (optional)

Zubereitungszeit: 10 min

Kochzeit: 35 min

Zubereitung:

Öl in einer großen Pfanne erhitzen, Möhre, Sellerie und Zwiebel hinzugeben und bei mittlerer Hitze kochen bis alles weich ist. Essig und Zucker hinzugeben, für 1 min kochen und zusammen mit dem Tomatenmark verrühren. Tomaten, Gemüsebrühe und braunen Reis hinzugeben, abdecken und für 10 min köcheln lassen.

Das Ganze auf zwei Schüsseln aufteilen und mit etwas Petersilie garnieren. Pesto nach Bedarf.

Nährwert pro Portion: 213kcal, 6g Proteine, 3g Fett (1g gesättigt), 39g Kohlenhydrate (4g Ballaststoffe, 13g Zucker), 1,6g Salz, 16% Vitamin A, 22% Vitamin C.

19. Hähnchen gefüllt mit Spinat und Datteln

Reich an Proteinen mit einer ausgewogenen Menge an Kohlenhydraten und vielen Vitaminen deckt dieses gesunde essen so ziemlich alles ab, von Nährstoffen bis Geschmack. Die Dattel-Spinat-Füllung sorgt für eine angenehme Süße.

Zutaten(2 Portionen):

2 Hähnchenbrust, ohne Knochen und Haut

100g Spinat, zerkleinert

1 kleine Zwiebel, fein zerkleinert

1 Knoblauchzehe, fein zerkleinert

4 Datteln, fein zerkleinert

1 Esslöffel Granatapfelsaft oder Honig

1 Teelöffel Kümmel

1 Esslöffel Olivenöl

100g gefrorene Bohnen

Zubereitungszeit: 10 min

Kochzeit: 15 min.

Zubereitung:

Den Ofen auf 200C vorheizen. Öl in einer unbeschichteten Pfanne erhitzen, Zwiebeln, Knoblauch und etwas Salz hinzugeben und für 5 Minuten kochen bevor die Datteln, Spinat und die Hälfte des Kümmels ergänzt werden. Für weitere 1-2 min kochen.

Die Hähnchenbrust der Länge nach halbieren und einen Teil unversehrt lassen, so dass man sie wie ein Buch aufklappen kann. Die Hähnchenbrust füllen und in eine Auflaufform geben, den restlichen Kümmel darüber streuen und würzen, mit Honig oder Granatapfelsaft beträufeln und für 20 min backen. Mit grünen Bohnen, leicht erhitzt, servieren.

Nährwert pro Portion: 257kcal, 36g Proteine, 4g Fett (1g gesättigt), 21g Kohlenhydrate (3g Ballaststoffe), 17% Eisen, 23% Magnesium, 97% Vitamin A, 36% Vitamin C, 96% Vitamin B3, 49% Vitamin B6.

20. Bohnen-Pfeffer-Chili

Ein gesundes, vegetarisches Mittagessen mit einem scharfen Kick. Mit dieser Mahlzeit bekommt man auf einfache Weise 1/2 - 1/3 der Tagesration an Ballaststoffen. Das Ganze kann serviert werden mit einer kleinen Portion braunem Reis mit etwa 170 kcal zusätzlich.

Zutaten(2 Portionen):

170g Peperoni, entkernt und in Scheiben geschnitten

200g Kidneybohnen in Chilisauce

200g schwarze Bohnen, abgetropft

200g Tomaten, zerkleinert

1 kleine Zwiebel, zerkleinert

1 Teelöffel Kümmel

1 Teelöffel Chilipulver

1 Teelöffel Paprika Edelsüß

1 Teelöffel Olivenöl

Zubereitungszeit: 15 min

Kochzeit: 30 min

Zubereitung:

Öl in einer großen Pfanne erhitzen, Zwiebeln und Peperoni hinzugeben und für 8-10 min kochen, bis alles weich ist. Würzen und für 1 weitere Minute kochen.

Bohnen und Tomaten abkippen, erhitzen und 15 min köcheln. Wenn das Chili angedickt ist direkt servieren.

Nährwert pro Portion: 183kcal, 11g Proteine, 5g Fett (1g gesättigt), 26g Kohlenhydrate (12g Ballaststoffe, 12g Zucker), 16% Eisen, 14% Magnesium, 16% Vitamin A, 22% Vitamin C, 14% Vitamin B1.

21. Knoblauch-Rindfleisch

Ein schnell zubereitetes Rindersteak zum Genießen, das nicht nur reich an Proteinen und arm an Fett und Kohlenhydraten ist, sondern auch voller Vitamin B. Zusammen mit einigen Cherrytomaten ergibt es eine reichhaltige und kräftigende Mahlzeit.

Zutaten(2 Portionen):

300g gut-getrimmtes Rindersteak

3 Knoblauchzehen

2 Esslöffels Rotwein-Essig

1 Teelöffel schwarzer Pfeffer

200g Cherrytomaten, halbiert, mit einem Schuss Essig

Zubereitungszeit: 10 min

Kochzeit: 15min

Zubereitung:

Pfefferkörner und Knoblauch mit einer Brise Salz mahlen, bis eine zähe Masse entsteht, dann im Essig verrühren.

Das Rindfleisch ausbreiten und mit der Paste bestreichen. Für 2 Stunden im Kühlschrank belassen.

Eine Grillpfanne stark erhitzen. Die Marinade vom Fleisch streichen und mit Salz nachwürzen. Das Fleisch für 5 min je Seite braten (es sollte nicht zu dick geschnitten sein). Das Stück Fleisch aus der Pfanne nehmen und auf ein Schneidebrett geben, für 5 min ruhen lassen und anschließend in Streifen schneiden. Mit Cherrytomaten servieren

Nährwert pro Portion: 223kcal, 34g Proteine, 6g Fetts, 7g Kohlenhydrate (1g Ballaststoffe, 3g Zucker), 22% Eisen, 16% Vitamin A, 22% Vitamin C, 27% Vitamin B2, 42% Vitamin B3, 30% Vitamin B6, 64% Vitamin B12.

22. Gegrillter Fisch mit marokkanisch gewürzten Tomaten

Eine Mahlzeit auf Grundlage einer Seebrasse stellt eine exzellente Proteinquelle dar. Die Südafrikanische Sauce mit ihren aromatischen Gewürzen vervollkommnet ihren Geschmack und passt auch gut sowohl zu Sardinen als auch Seebrassen.

Zutaten(2 Portionen):

2*140g Filets der Seebrasse, gehäutet

3 große Tomaten

1 ½ große rote Paprikaschoten, entkernt und halbiert

2 Knoblauchzehen, gemahlen

20ml Olivenöl

1 Teelöffel Kümmel

1 Teelöffel Paprika Edelsüß

1/8 Teelöffel schwarzer Pfeffer

Eine Prise Cayenne-Pfeffer

Etwas Petersilie, grob zerkleinert

Etwas Koriander, grob zerkleinert

Zubereitungszeit: 30 min

Kochzeit: 15 min

Zubereitung:

Den Grill stark erhitzen, die Paprikaschoten mit der Außenhaut nach oben auf ein Backblech platzieren und auf den Grill legen, bis diese angebräunt sind. Danach in eine Schüssel geben und zugedeckt abkühlen lassen. Sobald sie abgekühlt sind, die angebrannte Haut entfernen und dann in kleine Stücke schneiden.

Die Tomaten schälen, vierteln und Kerne und Fruchtfleisch entfernen.

Öl in einer großen Pfanne erhitzen, Knoblauch, Pfeffer und Gewürze hinzugeben und für 2 min kochen. Paprikaschoten und Tomaten dazugeben und bei mittlerer Hitze kochen bis die Tomaten sehr weich sind. Die Tomaten zerstampfen und weiterkochen bis die Flüssigkeit verdampf und eine Sauce entsteht.

Den Grill stark erhitzen und den Fisch auf einem angefetteten Backblech platzieren. Würzen und für 4-5 min garen. Die Sauce auf zwei Teller verteilen und den Fisch darauf anrichten und mit zerkleinerten Kräutern servieren.

Nährwert pro Portion: 308kcal, 25g Proteine, 18g Fett (2g gesättigt), 16g Kohlenhydrate (4g Ballaststoffe, 12 g Zucker), 23% Magnesium, 45% Vitamin A, 55% Vitamin C, 12% Vitamin B1, 12% Vitamin B2, 14% Vitamin B3, 34% Vitamin B6.

23. Krabbencurry

Für dieses köstliche, currygewürzte Meeresgericht braucht man nur 20 min. Die cremig, aromatische Kirschsauce passt sehr gut zu gekochtem braunen Reis mit ca. 175 kcal pro Portion.

Zutaten(2 Portionen):

200g rohe gefrorene Krabben

200g gehackte Tomaten

25g Kokosnusscreme

1 kleine Zwiebel, gehackt

1 Teelöffel Thai rote Currypaste

½ Teelöffel frische Ingwerwurzel

1 Teelöffel Koriander, gehackt

Zubereitungszeit: 5 min

Kochzeit: 15 min

Zubereitung:

Öl in einer Pfanne erhitzen. Zwiebeln und Ingwer für wenige Minuten anbraten, bis sie weich sind. Currypaste hinzugeben, umrühren und für eine weitere Minute kochen. Die Tomaten und Kokosnusscreme hinzugeben, zum Kochen bringen und für 5 min köcheln lassen. Wenn die Masse zu dickflüssig wird, etwas kochendes Wasser hinzugeben.

Die Krabben ergänzen und für weitere 5-10 min kochen. Mit Koriander bestreuen und servieren.

Nährwert pro Portion: 180kcal, 20g Proteine, 9g Fett (4g gesättigt), 6g Kohlenhydrate (1g Ballaststoffe, 5g Zucker), 1g Salz, 18% Eisen, 10% Magnesium, 20% Vitamin A, 26% Vitamin C, 13% Vitamin B3, 25% Vitamin B12.

24. Hähnchen mit Pilzen

Eine gesunde Mahlzeit - diese Hähnchen-Kasserolle bietet eine große Menge an Proteinen, die bis zum Abendessen satt machen. Die Hähnchenflügel verleihen dem Essen eine extra Portion Geschmack und Saftigkeit, während die Pilze diesem kalorienarmen Mittagessen einen besonders intensiven Geschmack verleihen.

Zutaten(2 Portionen):

250g Hähnchenschenkel ohne Knochen und Haut

125ml Hühnerbrühe

25g gefrorene Erbsen

150g Pilze

25g Pancetta

1 große Frühlingszwiebel, gehackt

1 Esslöffel Olivenöl

1 Teelöffel Weißweinessig

Mehl, zum Bestäuben

Etwas Petersilie, fein zerkleinert

Zubereitungszeit: 15 min

Kochzeit: 25 min

Zubereitung:

Einen Teelöffel Öl in einer unbeschichteten Bratpfanne erhitzen und das Hähnchen mit Gewürzen und Mehl bestäuben. Auf beiden Seiten anbräunen, dann das Hähnchen aus der Pfanne nehmen und Pancetta und Pilze darin zart anbraten.

Das restliche Öl hineingeben und die Frühlingszwiebeln für 5 min garen. Hühnerbrühe und Essig für 1-2 min köcheln lassen. Hähnchen, Pancetta und Pilze wieder in die Pfanne geben und für 15 min kochen. Erbsen und Petersilie hinzugeben und für 2 weitere Minuten kochen, dann servieren.

Nährwert pro Portion: 260kcal, 32g Proteine, 13g Fett (3g gesättigt), 4g Kohlenhydrate (3g Ballaststoffe, 1 g Zucker), 1g Salz, 21% Eisen, 39% Vitamin D, 12% Vitamin B2, 34% Vitamin B3, 17% Vitamin B6.

25. Truthahn-Pfanne

Reich an Proteinen, schnell zubereitet und reich im Geschmack – dieses Gericht ist ein perfektes, würziges Mittagessen. Seine Kohlenhydrate werden dich mit Energie versorgen, so dass du es auch ideal vor dem Training zu dir nehmen kannst.

Zutaten(2 Portionen):

200g Truthahn-Steaks, in Streifen (Fett entfernen)

150g Reisnudeln

170g grüne Bohnen, halbiert

1 Knoblauchzehe, in Scheiben geschnitten

1 kleine rote Zwiebel, in Scheiben geschnitten

½ rote Chili, fein zerkleinert

Saft von ½ Limette

½ Teelöffel Olivenöl

½ Teelöffel Chilipulver

1 Teelöffel Fischsauce

Pfefferminz, grob zerkleinert

Koriander, grob zerkleinert

Zubereitungszeit: 10 min

Kochzeit: 15 min

Zubereitung:

Die Nudeln gemäß den Hinweisen auf der Verpackung kochen. Das Öl in einer unbeschichteten Bratpfanne erhitzen und den Truthahn über starker Hitze für 2 min anbraten. Zwiebeln und Knoblauch hinzugeben und für weitere 5 min kochen.

Limettensaft darüber träufeln, frische Chili, Chilipulver und Fischsauce ergänzen, verrühren und für 3 min kochen. Unter die Nudeln mischen und je nach Geschmack mit Kräutern servieren.

Nährwert pro Portion: 425kcal, 32g Proteine, 3g Fett (1g gesättigt), 71g Kohlenhydrate (4g Ballaststoffe, 4g Zucker), 1 g Salz, 12% Eisen, 10% Magnesium, 12% Vitamin A, 36% Vitamin C, 13% Vitamin B1, 24% Vitamin B2.

26. Würzige Forelle

Probiere dieses einfache, gesunde Forellenrezept als leichte Sommermahlzeit. Als großartige Quelle für Vitamin B12 kann dieser zitronige, weiße Fisch zusammen mit grünem Salat serviert werden. Mit Salz und etwas Zitronensaft beträufelt bekommt das Gericht eine besonders intensive Note.

Zutaten(2 Portionen):

2 Forellenfilets

15g Pinienkerne, geröstet und grob zerkleinert

25g Brotkrumen

1 Teelöffel weiche Butter

1 Teelöffel Olivenöl

Saft und Fruchtfleisch einer ½ Zitrone

1 kleiner Bund Petersilie, gehackt

Zubereitungszeit: 10 min

Kochzeit: 5 min

Zubereitung:

Den Grill auf hoher Stufe vorheizen. Die Filets mit der Haut nach unten auf ein eingeöltes Backblech legen.

Brotkrumen, Zitronensaft und Fruchtfleisch, Butter, Petersilie und die Hälfte der Pinienkerne vermischen. Die Mischung in einer dünnen Schicht auf den Filets verstreichen, mit Öl beträufeln und für 5 min grillen. Den Rest der Pinienkerne hinzugeben und mit gekochtem Blumenkohl oder grünen Bohnen servieren.

Nährwert pro Portion: 298kcal, 30g Proteine, 16g Fett (4g gesättigt), 10g Kohlenhydrate (1g Ballaststoffe, 1g Zucker), 11% Magnesium, 14% Vitamin B1, 41% Vitamin B3, 25% Vitamin B6, 150% Vitamin B12.

27. Würziger Meeresfrüchteeintopf

Verwöhn deine Sinne mit diesem würzigen Mix aus Krabben, Muscheln und weißem Fisch, der dich mit einer herzhaften Menge an Proteinen und Vitamin B versorgt. Stelle sicher, dass du frische Meeresfrüchte verwendest, um den Geschmack dieser Kasserolle zu maximieren.

Zutaten(2 Portionen):

100g große, gepuhlte Krabben

150g Muscheln

150g weiße Fischfilets (in 3 cm große Stücke geschnitten)

250g kleine neue Tomaten, halbiert und gekocht

130g Tomaten in Stücke

350ml Hähnchenbrühe

1 kleine Zwiebeln, gehackt

2 Knoblauchzehen, gehackt

1 getrockneter Ancho-Chili

Saft von 1 Zitrone

½ Teelöffel scharfes Paprikagewürz

½ Teelöffel gemahlener Kümmel

1 Teelöffel Olivenöl

Zitronenstücke zum Servieren (optional)

Zubereitungszeit: 15 min

Kochzeit: 30 min

Zubereitung:

Die Chilis in einer heißen Bratpfanne erhitzen, bis sie leicht aufgehen. Dann vom Herd nehmen, entkernen und entstielen. In kochendem Wasser für 15 min einweichen.

Das Olivenöl in einer großen Pfanne erhitzen, Zwiebeln, Knoblauch und Gewürze hinzugeben und weichkochen. Paprika, Chili, Kümmel und Hühnerbrühe ergänzen und für 5 min aufkochen und anschließend mit einem Mixer pürieren. Zurück in die Pfanne geben und bis zum Siedepunkt erhitzen. Für 10 min köcheln lassen. Krabben, Fischfilet, Muscheln und Kartoffeln hinzugeben und bei geschlossenem Deckel und mittlerer Hitze für 5 min ziehen lassen. Nach Bedarf mit Zitronenstücken servieren.

Nährwert pro Portion: 347kcal, 44g Proteine, 6g Fett (1 g gesättigt), 28g Kohlenhydrate (4g Ballaststoffe, 7g Zucker),

1,1g Salz, 18% Magnesium, 12% Vitamin A, 40% Vitamin C, 16% Vitamin B1, 10% Vitamin B2, 23% Vitamin B3, 26% Vitamin B6, 62% Vitamin B12.

ABENDESSEN

28. Gefüllte Aubergine

Eine schmackhafte, vegetarische Mahlzeit mit knusprigem Käse und Brotkrumen - leicht und perfekt zum Abendessen. Vergiss gefüllte Paprikaschoten und versuche diese aromatischen Auberginen stattdessen.

Zutaten(2 Portionen):

1 Aubergine

60g vegetarischer Mozarella, in Stücke geschnitten

1 kleine Zwiebel, fein zerkleinert

2 Knoblauchzehen, fein zerkleinert

1 Esslöffel Olivenöl, plus etwas extra zum träufeln

2 Knoblauchzehen, fein zerkleinert

6 Cherrytomaten, halbiert

eine Handvoll Basilikumblätter, zerhackt

einige frische Vollkornbrotkrumen

Zubereitungszeit: 15 min

Kochzeit: 40 min

Zubereitung:

Den Ofen auf 200C vorheizen. Die Aubergine der Länge nach in Hälften schneiden (den Stamm entweder entfernen oder intakt lassen). Eine etwa 1 cm tiefe Spalte in die Aubergine schneiden. Mit Hilfe von einem Teelöffel das Fleisch der Aubergine entfernen bis 2 Schalen übrig bleiben. Das Fruchtfleisch zerkleinern und zur Seite stellen. Die Schalen mit etwas Olivenöl bestreichen und in eine Backform geben. Mit Folie bedecken und 20 min backen.

Das restliche Öl in eine unbeschichtete Pfanne geben. Die Zwiebeln hinzugeben und zart anbraten, dann mit dem ausgehöhlten Fruchtfleisch vermengen und garen. Knoblauch und Tomaten beifügen und für weitere 3 min kochen.

Wenn die Auberginenschalen weich sind, vom Ofen nehmen, füllen, mit Brotkrumen bestreuen und mit etwas Olivenöl beträufeln. Die Hitze im Ofen auf 180C Umluft reduzieren. Für 15-20 min backen bis der Käse geschmolzen und die Brotkrumen golden sind. Mit grünem Salat servieren.

Nährwert pro Portion: 266kcal, 9g Proteine, 20g Fett (6g gesättigt), 14g Kohlenhydrate (5g Ballaststoffe, 7g Zucker), 1g Salz, 15% Vitamin A, 19% Calcium.

29. Orangen-Walnuss-Blaukäse-Salat

Versuche diesen herzhaften und süßen Salat mit Blaukäse und zerkleinerten Walnüssen für ein leichtes Abendessen. Dieses Rezept ist reich an gesunden Fetten und Vitamin C, muss nicht gekocht werden und braucht nur 10 min Zubereitung - eine tolle Art einen stressigen Tag abzuschließen.

Zutaten(2 Zutaten):

1*100g gemischter Salat (Spinat, Rucola und Wasserkresse)

1 große Orange

40g Walnuss, grob zerkleinert

70g Blaukäse, zerkleinert

1 Teelöffel Walnussöl

Zubereitungszeit: 10 min

Kein Kochen

Zubereitung:

Den Salat in eine Schüssel geben. Orangen schälen und über einer Schale die Stücke von den Kernen befreien um den Saft aufzufangen. Das Walnussöl unter den Orangensaft mischen und über die Salatblätter geben. Salat schleudern, die Orangenstücke darüber verteilen, Blaukäse und Walnuss hinzugeben und servieren.

Nährwert pro Portion: 356kcal, 14g Proteine, 30g Fett (10g gesättigt), 8g Kohlenhydrate (3g Ballaststoffe, 8g Zucker), 19% Calcium, 10% Magnesium, 20% Vitamin A, 103% Vitamin C, 10% Vitamin B1.

30. Mexikanischer Reis-Bohnen-Salat

Ein würziges Gericht mit wenig Fett und Lateinamerikanischen Wurzeln. Dieser mexikanische Reis-Bohnen-Salat steckt voller Gemüse und ergibt ein sättigendes Abendessen. Etwas abschmecken und mit gemischten Bohnen eine farbenfrohe Schale servieren.

Zutaten(2 Portionen):

90g brauner Reis

200g schwarze Bohnen, abgetropft

½ Avocado, zerkleinert

2 Frühlingszwiebel, zerkleinert

½ rote Paprikaschoten, entkernt und zerkleinert

Saft von einer ½ Zitrone

1 Teelöffel Cajun-Gewürzmischung

kleiner Bund Koriander, zerkleinert

Zubereitungszeit: 15 min

Kochzeit: 20 min

Zubereitung:

Den Reis gemäß den Gebrauchsanleitungen auf der Verpackung zubereiten. Abtropfen, unter kaltem Wasser abkühlen. Bohnen, Paprika, Zwiebeln und Avocado hinzugeben.

Zitronensaft mit schwarzem Pfeffer und der Cajun-Gewürzmischung vermengen und über den Reis geben. Koriander hinzugeben und servieren.

Nährwert pro Portion: 326kcal, 11g Proteine, 10g Fett (2g gesättigt), 44g Kohlenhydrate (6g Ballaststoffe, 4g Zucker), 10% Eisen, 15% Magnesium, 11% Vitamin B1, 13% Vitamin B6.

31. Kichererbsen-Spinat-Curry

Schnell zuzubereitende warme Mahlzeit am Abend. Reich an Vitamin A und Proteinen - dieses Gemüsegericht kann mit etwas Fladenbrot serviert werden. Zu beachten sind jedoch die zusätzlichen Kalorien - 140 kcal pro Fladenbrot.

Zutaten(2 Portionen):

1*400g Kichererbsen, abgetropft

200g Cherrytomaten

130g Babyspinatblätter

1 Esslöffel Currypaste

1 kleine Zwiebel, gehackt

Zitronensaft

Zubereitungszeit: 5 min

Kochzeit: 15 min

Zubereitung:

Currypaste in einer unbeschichteten Pfanne erhitzen. Sobald sich Bläschen bilden, Zwiebeln und Gewürze hinzugeben und für 2 min weichkochen. Die Tomaten ergänzen und kochen bis die Sauce eingedickt ist.

Kichererbsen und Gewürze hinzufügen und für einige weitere Minuten kochen. Den Herd ausschalten und den Spinat dazugeben (die Resthitze der Pfanne wird die Blätter welken). Würzen, Zitronensaft hinzugeben und servieren.

Nährwert pro Portion: 203kcal, 9g Proteine, 4g Fett, 28g Kohlenhydrate (6g Ballaststoffe, 5g Zucker), 1,5g Salz, 25% Eisen, 29% Magnesium, 129% Vitamin A, 61% Vitamin C, 58% Vitamin B6.

32. Brühe aus Thai-Gemüse und Kokosmilch

Eine Portion Eiernudeln mit köstlicher Gemüsebrühe sorgt für einen köstlichen und schnellen Thaigeschmack. Wenn du eine dickere Brühe bevorzugst, nutze weniger Fonds, je nach Geschmack.

Zutaten(2 Portionen):

200ml Halbfett Kokosnussmilch

500ml Gemüsebrühe

90g Eiernudeln

1 Karotten, in dünne Streifen geschnitten

¼ Kopf Chinakohl, in Scheiben geschnitten

75g Sojasprossen

3 Cherrytomaten, halbiert

2 kleine Frühlingszwiebeln, halbiert und in Scheiben geschnitten

Saft von einer ½ Zitrone

1 ½ Teelöffels rote Thai-Currypaste

1 Teelöffel brauner Zucker

1 Teelöffel Olivenöl

eine Handvoll Koriander, grob zerkleinert

Zubereitungszeit: 15 min

Kochzeit 10 min

Zubereitung:

Öl in einem Wok erhitzen, Currypaste hinzugeben und für 1 min erhitzen. Gemüsebrühe, braunen Zucker und Kokosmilch hinzugeben und für 3 min köcheln.

Nudeln, Karotten und Chinakohl ergänzen und köcheln lassen. Sojasprossen, Tomaten, Zitronensaft für den Geschmack und Gewürze hinzufügen. In Schüsseln geben und mit Koriander und Frühlingszwiebeln bestreuen.

Nährwert: 338kcal, 10g Proteine, 14g Fett (7g gesättigt), 46g Kohlenhydrate (5g Ballaststoffe, 12g Zucker), 1,2g Salz, 14% Eisen, 16% Magnesium, 10% Vitamin B3.

33. Gefüllte Zucchini

Ein gesundes, vegetarisches Abendessen, das leicht im Magen liegt und ein Genuss ist zuzubereiten. Die Zucchini bekommen ihren Geschmack durch eine Mischung aus Pinienkernen, sonnengereiften Tomaten und feinem Parmesankäse. Du kannst die Zucchini auch mit etwas Pesto anstatt Olivenöl bestreichen, bevor du sie in den Ofen gibst.

Zutaten(2 Portionen):

2 Zucchini, der Länge nach halbiert

2 Teelöffels Olivenöl

gemischter Salat, als Beilage

Füllung:

25g Pinienkerne

3 Frühlingszwiebeln, fein gehackt

1 Knoblauchzehe, gemahlen

3 eingelegte sonnengetrocknete Tomaten, abgetropft

12g Parmesan, fein gerieben

25g getrocknete weiße Brotkrumen

1 Teelöffel Thymian

Zubereitungszeit: 10 min

Kochzeit: 35 min

Zubereitung:

Ofen auf 200C Umluft vorheizen. Zucchini auf eine ofenbeständige Schale geben, die angeschnittene Seite nach oben. Zart mit einem Teelöffel Öl bestreichen und für 20 min backen.

Alle Zutaten der Füllung in einer Schüssel vermengen und mit schwarzem Pfeffer würzen. Die Mischung auf die Zucchini geben und mit dem restlichen Olivenöl beträufeln. Für weitere 10-15 min backen bis die Zucchini weich sind und die Füllung knusprig. Heiß mit etwas Salat servieren.

Nährwert pro Portion: 244kcal, 10g Proteine, 17g Fett (3 gesättigt), 14g Kohlenhydrate (3g Ballaststoffe, 5g Zucker), 56% Vitamin C, 16% Vitamin B2, 21% Vitamin B6.

34. Fruchtsalat

Ein Fruchtsalat voller Vitamin C, versüßt mit Honig und servierfertig in nur 10 min. Den besonderen Geschmack bekommt dieser Salat durch etwas frisch geschnittene Minze.

Zutaten(1 Portion):

1 Grapefruit, Haut und Kern entfernt

2 Aprikose, in Scheiben geschnitten

2 Orangen, Haut und Kern entfernt

1 Teelöffel klarer Honig

Zubereitungszeit 5 min

Kein Kochen

Zubereitung:

Die Aprikosen in eine große Schüssel geben. Die Orangen und Grapefruits in Stücken der Schüssel zuführen, um den Saft zu erhalten. Mit Honig abschmecken und servieren.

Nährwert pro Portion: 166kcal, 4g Proteine, 36g Kohlenhydrate (8g Ballaststoffe, 28g Zucker), 46% Vitamin A, 184% Vitamin C, 13% Vitamin B1.

35. Gefüllte Eier

Mache dir eine würzige, gesunde Mahlzeit mit etwas frischem, knackigen Salat. Verdopple deine Portion für mehr Ballaststoffe und Proteine oder ergänze ein mittelgroßes Baguette mit 150 kcal pro Stück.

Zutaten(2 Portionen):

8 große, flache Pilze

2 Knoblauchzehen, zerkleinert

2 Esslöffel Olivenöl

2 Esslöffels Worcestershire Sauce

2 Esslöffels Vollkornsenf

1 Teelöffel Paprika Edelsüß

140g gemischte Salatblätter, mit Wasserkresse und Mangold

Zubereitungszeit: 10 min

Kochzeit: 15 min

Zubereitung:

Den Ofen auf 180C Umluft erhitzen. Senf, Öl, Knoblauch und Worcestershire Sauce in einer großen Schüssel vermengen, dann mit frischem, schwarzen Pfeffer und Salz würzen. Die Pilze zu der Mischung geben und gleichmäßig bedecken. Mit der Öffnung nach oben in eine hitzebeständige Form legen, Paprika darüber streuen und für 8-10 min backen.

Die Salatblätter auf zwei Teller verteilen und je 4 Pilze dazugeben. Mit einem Löffel die Säfte darüber geben und direkt servieren.

Nährwert pro Portion: 102kcal, 8g Proteine, 14g Fett (2g gesättigt), 8g Kohlenhydrate (4g Ballaststoffe), 1g Salz, 20% Vitamin B2, 16% Vitamin B3.

36. Salat mit geräucherte Forelle, roter Bete, Fenchel und Apfel

Ein köstlicher, heißer Fisch ergänzt durch knusprigen Apfel und farbenprächtige rote Beete ergibt einen exotischen Salat mit großartigem Geschmack. Forelle ist eine ideale Quelle von B12 und hochwertigen Proteinen.

Zutaten(2 Portionen):

140g Forellenfilets, gehäutet und geräuchert

100g Rote Bete in Essig eingelegt, abgetropft und geviertelt

4 Frühlingszwiebeln, in Scheiben geschnitten

1 grüner Apfel, entkernt, geviertelt, geschält

½ Fenchel, vom Stil getrennt und fein zerkleinert

Etwas Dill, fein zerkleinert

2 Esslöffels Light-Jogurt

1 Teelöffel Meerrettich-Sauce

Zubereitungszeit: 10 min

Kein Kochen

Zubereitung:

Den Fenchel auf einem Teller platzieren und rote Bete, Frühlingszwiebeln und Apfel darüber verteilen. Die Forelle in kleine Stücke schneiden und darauf geben. Mit der Hälfte des Dill bestreuen.

Den Jogurt und Meerrettich mit einem Esslöffel kalten Wassers vermengen, den restlichen Dill dazugeben und umrühren. Die Hälfte des Dressings über den Salat gießen und leicht durchmischen, dann den Rest hinzugeben und servieren.

Nährwert pro Portion: 183kcal, 19g Proteine, 5g Fett (1g gesättigt), 16g Kohlenhydrate (5g Ballaststoffe, 16g Zucker), 1,6g Salz, 12% Eisen, 11% Vitamin A, 20% Vitamin C, 20% Vitamin B1, 17% Vitamin B2, 20% Vitamin B3, 100% Vitamin B12.

37. Geröstete Karotten mit Granatapfel und Ziegenkäse

Ein vollwertiges Essen was die Inhaltsstoffe angeht. Diese Mischung aus süßem Gemüse und saurem Saft ist eine gesunde und interessante Option fürs Abendessen. Achte darauf, dass du die Granatapfelkerne erst kurz vor dem Servieren hinzugibst, um ein einzigartiges Geschmackserlebnis zu erzeugen.

Zutaten(2 Portionen):

375g Karotten

40g Granatapfelkerne

50g Ziegenkäse, zerbröckelt

200g Kichererbsen, abgetropft

Fruchtfleisch und Saft von einer ½ Orange

1 Esslöffel Olivenöl

1 Teelöffel Kümmel

Etwas Minze, gehackt

Zubereitungszeit: 10 min

Kochzeit: 50 min

Zubereitung:

Den Ofen auf 170C Umluft vorheizen. Die Karotten in eine Schüssel geben und mit der Hälfte des Olivenöls, dem Kümmel, dem Fruchtfleisch der Orange und Salz bestreuen. Die Karotten auf ein großes Backblech geben und für 50 min rösten bis sie etwas Farbe an den Ecken bekommen.

Die Kichererbsen zu den gerösteten Karotten hinzugeben und auf einer Servierplatte anrichten. Mit dem verbleibenden Olivenöl und dem Orangensaft beträufeln. Den Ziegenkäse ergänzen, mit Granatapfelkernen und Gewürzen vermengen und servieren.

Nährwert pro Portion: 285kcal, 12 g Proteine, 15g Fett (6g gesättigt), 30g Kohlenhydrate (6g Ballaststoffe, 16g Zucker), 15% Calcium, 12% Eisen, 14% Magnesium, 610% Vitamin A, 28% Vitamin C, 12% Vitamin B1, 18% Vitamin B2, 11% Vitamin B3, 37% Vitamin B6.

38. Linsen-Karotten-Orangen-Suppe

Eine interessante Suppe aus Orangensaft, die mehr als nur deine tägliche Portion an Vitamin C abdeckt. Gesund und mit Geschmacksrichtungen die harmonisieren - dieses Rezept ist ein scharfer Genuss. Du kannst sie mit etwas Wasser verdünnen, falls dir die Suppe zu dickflüssig ist.

Zutaten(2 Portionen):

75g rote Linsen

225g Karotten, gewürfelt

300ml Orangensaft

1 Zwiebel, zerkleinert

600ml Gemüsebrühe

2 Esslöffel Magerjogurt

1 Teelöffel Kümmel

2 Teelöffels Koriander

frisch geschnittener Koriander zum Garnieren

Zubereitungszeit: 15min

Kochzeit: 35 min

Zubereitung:

Die Samen in einem Mörser zerkleinern, dann 2 min trocken anbraten bis alles leicht braun ist. Die Linsen, Zwiebel, Orangensaft, Brühe und Gewürze hinzugeben und zum Kochen bringen. Abdecken und für 30 min köcheln lassen bis die Linsen weich geworden sind.

Die Mischung in einen Mixer geben und cremig zerkleinern. Zurück in die Pfanne geben, wieder erhitzen auf mittlerer Stufe und gelegentlich umrühren. Würzen nach Geschmack, dann in Schüsseln geben, den Jogurt darüber geben, mit Koriander bestreuen und servieren.

Nährwert pro Portion: 184kcal, 8g Proteine, 2g Fett, 34g Kohlenhydrate (4g Ballaststoffe), 1g Salz, 340% Vitamin A, 134% Vitamin C, 16% Vitamin B1, 11% Vitamin B3, 13% Vitamin B6.

39. Vegetarisches rotes Curry

Es mag fast eine Stunde an Zubereitung brauchen, aber dieses thailändische Essen wird definitiv all deine Geschmacksnerven aktivieren. Reich an Nährstoffen dient dieses cremige vegetarische Curry als vollwertige Mahlzeit, kann aber auch als Beilage zu braunem Reis zu etwa 175 extra kcal serviert werden.

Zutaten(2 Portionen):

70g Pilze, gebrochen

70g Zuckererbsen

½ Zucchini, in Stücke geschnitten

½ Aubergine, in Stücke geschnitten

100g Tofu, in Würfel geschnitten

200ml fettreduzierte Kokosmilch

1 rote Chili (½ fein zerkleinert, ½ in Stücke geschnitten)

¼ rote Paprika, entkernt und in Streifen geschnitten

2 Esslöffels Sojasauce

Saft von 1 Zitrone

1 Esslöffel Olivenöl

10g Basilikumblätter

½ Teelöffel brauner Zucker

Paste:

3 Frühlingszwiebeln, grob zerkleinert

2 kleine rote Paprika

½ Zitronengras, grob zerkleinert

1 Knoblauchzehe

Stile von 10g Koriander

½ rote Paprika, entkernt und grob zerkleinert

Fleisch von ½ Zitrone

¼ Teelöffel geraspelte Ingwerwurzel

½ Teelöffel gemahlener Koriander

½ Teelöffel frisch gemahlener Pfeffer

Zubereitungszeit: 30 min

Kochzeit: 20 min.

Zubereitung:

Das Tofu mit der Hälfte des Zitronensaftes, 1 Esslöffel Sojasauce und zerkleinertem Chili marinieren.

Die Zutaten der Paste in einen Mixer geben.

Die Hälfte des Olivenöl in eine Pfanne geben, 2 Esslöffel der Paste dazugeben und für 2 min anbraten. Die Kokosmilch mit 50ml Wasser, der Aubergine, Zucchini und Pfeffer verrühren. Bis zum Garpunkt kochen.

Das Tofu abtropfen, trocknen und im verbleibenden Öl in einer kleinen Pfanne golden anbraten.

Pilze, Zuckerschnaps und den Großteil des Basilikums hinzugeben, dann mit Zucker, dem restlichen Zitronensaft und der Sojasauce würzen. Kochen bis die Pilze weich sind, dann das Tofu dazugeben und erhitzen. Mit Basilikum und den zerkleinerten Chili bestreuen und servieren

Nährwert pro Portion: 233kcal, 8g Proteine, 18g Fett (10g gesättigt), 11g Kohlenhydrate (3g Ballaststoffe, 7g Zucker), 3g Salz, 13% Calcium, 12% Eisen, 14% Magnesium, 11% Vitamin A, 65% Vitamin C, 15% Vitamin B1, 21% Vitamin B2, 12% Vitamin B3, 22% Vitamin B6.

40. Pilz-Zitronen-Pilau

Dieses fettarme Pilz-Pilau ist deine Chance auf eine leichte Alternative zu Risotto. Gib einfach eine Handvoll grüner Bohnen für ein farbenfroheres Essen. Du kannst auch den Lauch mit Frühlingszwiebeln ersetzen, wenn du magst.

Zutaten(2 Portionen):

100g brauner Reis

150g Pilze, in Scheiben geschnitten

250ml Gemüsebrühe

1 kleine Zwiebel, in Scheiben geschnitten

1 Knoblauchzehe, zermahlen

3 Esslöffels Frischkäse mit Knoblauch und Kräutern

Fruchtfleisch und Saft von einer ½ Zitrone

Bund Schnittlauch, zerkleinert

Zubereitungszeit: 10 min

Kochzeit: 30 min

Zubereitung:

Die Zwiebeln in eine unbeschichtete Pfanne geben und mit einigen Esslöffeln Gemüsebrühe für 5 min kochen. Knoblauch und Pilze hinzugeben und für weitere 2 min erhitzen. Alles in einem Mixer zerkleinern und währenddessen Reis sowie Saft und Fruchtfleisch der Zitrone dazugeben. Die verbleibende Gemüsebrühe und Gewürze hinzuführen und kochen. Den Herd ausschalten, die Pfanne abdecken und für 30 min köcheln lassen bis der Reis weich ist. Alles gut durchrühren und Lauch und Frischkäse unterrühren. Auf zwei Teller aufteilen und mit dem verbliebenen Streichkäse und Lauch bestreichen.

Nährwert pro Portion : 249kcal, 12g Proteine, 4g Fett (2g gesättigt), 44g Kohlenhydrate, 2g Ballaststoffe, 4g Zucker), 11% Vitamin A, 23% Vitamin B2.

SÄFTE ZUM ABNEHMEN

1. Gemischter Apfelsaft

Diesen Saft kannst du sehr gut vor dem Training oder nach dem Abendessen einnehmen. Es ist eine gute Art, dir beim abnehmen zu helfen. Und warum ist das so? Äpfel sind kalorienarm und ihre Ballaststoffe helfen dir, dich für eine längere Zeit gesättigt zu fühlen, weil es den Magen dehnt. Das bedeutet weniger Kalorien in deinem Magen. Gurkensaft ist sehr reich an Wasser und du weißt, dass Wasser sehr wichtig ist, um Gewicht zu verlieren. Eine neuste Studie zeigte, dass Erwachsene, die zusätzlich Wasser zu sich nahmen, fast 2 Kilogramm Körpergewicht mehr verloren haben als diejenigen, die das nicht getan haben.

- Apfel: verbessert die neurologische Gesundheit
- Gurke: hilft beim Abnehmen und der Verdauung
- Zitrone: hilft Schmerzen und Entzündungen in Gelenken und Knien zu lindern
- Orange: reguliert einen hohen Blutdruck
- Banane: spielt eine wichtige Rolle beim bewahren von Erinnerungen und hebt deine Laune

Zutaten:

- Apfel - 1 mittleren 162g
- Gurke - 1 Gurke 301g
- Zitrone - 1/2 Frucht 25g
- Orange - 1 große 154g
- Banane - 1 mittlere 150 g

Zubereitung:

- **Wasche alle Zutaten. Schäle sie, wenn nötig.**
- **Verarbeite sie alle zusammen zu einem großartigen Saft.**

Gesamtsumme an Kalorien: 280

Vitamine: Vitamin A 27µg, Vitamin C 101,2mg, Calcium 108mg, Vitamin B-6 0,328mg, Vitamin E 1,54mg, Vitamin K 49,7µg

Mineralien: Kupfer 0,418mg, Magnesium 52mg, Phosphor 137mg, Selen 2,1µg, Zink 1,07mg

2. Total verrückter Fruchtsaft

Probiere diesen tollen Saft, der nicht nur köstlich ist, sondern dir auch hilft, schneller Gewicht zu verlieren und deinen Körper zu reinigen. Zutaten wie Cayenne-Pfeffer helfen dir, deinen Stoffwechsel ordentlich anzuheizen. Mango, „die Frucht Indiens" wie sie manchmal genannt wird, enthält sehr viele Nährstoffe und ist eine reichhaltige Quelle für Beta-Karotin und Vitamin C. Das bedeutet, je mehr Nährstoffe du bekommst, desto weniger musst du pro Mahlzeit zu dir nehmen. Stell also sicher, diesen Saft auf einen täglichen Speiseplan zu setzen.

- Apfel: schützt deinen Körper vor freien Radikalen
- Cayenne-Pfeffer: vermutlich Anti-Tumor-Wirkung
- Mango: verbessert die Verdauung
- Orange: alkalisiert den Körper
- Banane: senkt den Blutdruck

Zutaten:

- Apfel– 1 großen 213g
- Cayenne-Pfeffer (scharf) - 1 Prise 0,11g
- Mango (geschält) - 1 Frucht (ohne Kern) 316g
- Orange (geschält) - 1 große 154g

- Banane (geschält) – 1 mittlere 150 g

Zubereitung:

- **Wasche alle Zutaten. Schäle sie, wenn nötig.**
- **Verarbeite sie alle zusammen zu einem großartigen Saft.**

Gesamtsumme an Kalorien: 265

Vitamine: Vitamin A 128µg, Vitamin C 122,1mg, Vitamin B-6 0,409mg, Vitamin E 2,38mg, Vitamin K 12,1µg, Calcium 68mg, Eisen 0,72mg

Mineralien: Kupfer 0,319mg, Magnesium 41mg, Phosphor 68mg, Selen 1,9µg, Zink 0,31mg

3. Magischer Apfelsaft

Das ist ein weiterer geschmackvoller Saft, der dir helfen wird, deinen Lebensstil zu verbessern und deine Rate beschleunigen wird, mit der du Gewicht verlierst. Karotten bekämpfen aufgrund ihrer Ballaststoffe Fett, mehr als die Hälfte der löslichen Ballaststoffe ist Calcium-Pektat. Das verringert den Blut-Cholesterol-Level, indem es Gallensäure abbaut. Letzten Endes wird Cholesterol dem Blut entzogen, damit mehr Gallensäure hergestellt wird, was den Cholesterol-Gehalt senken wird. Es hilft außerdem, überschüssige Körper-flüssigkeit zu entsorgen. Genieße diesen Saft und nimm ihn in deine tägliche Routine auf. Er wird dir zu positiven Ergebnissen verhelfen.

- Äpfel : verhindern Demenz
- Karotten: wirken gegen Schlaganfall
- Ingwerwurzel: hilft, die Herzfrequenz zu kontrollieren
- Zitrone: verhindert Wachstum und Vermehrung von pathogenen Bakterien
- Mango: hilft bei Diabetes

Zutaten:

- Äpfel - 1 mittleren 180g

- Karotten - 2 mittlere 112g
- Ingwerwurzel - 1/2 Daumen breit 10g
- Zitrone (geschält) - 1/2 Frucht 25g
- Mango (geschält) – 1/2 Frucht 70 g

Zubereitung:

- **Wasche alle Zutaten. Schäle sie, wenn nötig.**
- **Verarbeite sie alle zusammen zu einem großartigen Saft.**

Gesamtsumme an Kalorien: 161

Vitamine: Vitamin A 521µg, Vitamin C 17,9mg, Calcium 30mg, Eisen 0,53mg, Vitamin B-6 0,212mg, Vitamin E 1,02mg, Vitamin K 12,9µg

Mineralien: Kupfer 0,114mg, Magnesium 21mg, Phosphor 54mg, Selen 0,1µg, Zink 0,25mg

4. Der Super-Abnehm-Saft

Hier kommt ein einfaches Saft-Rezept, trotzdem ist es sehr effektiv um anzunehmen. Kohl wird nicht so oft verzehrt wie er es sollte. Es ist eine reichhaltige Quelle für Vitamin C und hat einen hohen Anteil an Ballaststoffen. Birnen sind ebenfalls eine gute Quelle für Ballaststoffe. Studien haben gezeigt, wenn man mehr als drei Birnen pro Tag isst, konsumiert man weniger Kalorien und wird mehr Gewicht verlieren. Sie haben zudem einen wirklich hohen Anteil an Fructose und Glucose. Sie dient als natürlicher Lieferant für Energie. Birnen beinhalten Bor, was dem Körper hilft, Calcium zurück zu halten. Das macht dich gesünder. Es ist ein großartiges Rezept für dich und deine Familie.

- Apfel: reduziert das Risiko von Diabetes
- Kohl: hilft, den Blutdruck zu senken
- Zitrone: hilft, eine gewöhnliche Erkältung zu heilen
- Birnen: verhindern Krebs

Zutaten:

- Apfel - 1 mittleren 180 g
- Kohl (roten) - 3 Blätter 72g
- Zitrone (mit Schale) - 1/2 Frucht 27g

- Birnen - 2 mittlere 346g

Zubereitung:

- **Wasche alle Zutaten. Schäle sie, wenn nötig.**
- **Verarbeite sie alle zusammen zu einem großartigen Saft.**

Gesamtsumme an Kalorien: 205

Vitamine: Vitamin A 29µg, Vitamin C 48,1mg, Thiamin 0,059mg, Vitamin B-6 0,213mg, Vitamin E 0,3mg, Vitamin K 33,6µg, Calcium 52mg

Mineralien: Kupfer 0,203mg, Magnesium 27mg, Phosphor 50mg, Selen 0,6µg, Zink 0,3mg

5. Super Spinatsaft

Spinat ist reichhaltig an Ballaststoffen für unser Verdauungssystem. Es ist ein Reinigungsmittel, welches Müll entfernt, der sich über die Zeit im Verdauungstrakt angesammelt hat. Wegen seines abführenden Effekts auf den Körper, wird es außerdem helfen, die Verdauungstrakt-Funktion zu verbessern. Zitrone ist immer schon eine gute Zutat gewesen, wenn man versucht Gewicht zu verlieren- Genauso Äpfel, da diese helfen das Cholesterin zu senken. Es ist eine wohlschmeckende Frucht, die du jeder Zeit genießen kannst.

- Sellerie: es hilft dir, dich zu beruhigen
- Zitrone: hilft bei der Produktion von Verdauungssäften
- Birnen: hilft, das Immunsystem aufzubauen
- Orange: reguliert Bluthochdruck
- Spinat: hält Haut und Haare gesund
- Äpfel: senkt das schlechtes Cholesterin

Zutaten:

- Sellerie – 3 Stangen, große 206g
- Zitrone (geschält) – ½ Frucht 25g

- Birne - 1 mittlere 170g

- Orange (geschält) – 1 große 180g

- Spinat – 4 Handvoll 100g

- Äpfel – 2 mittlere 350g

Zubereitung:

- **Wasche alle Zutaten. Schäle sie, wenn nötig.**

- **Verarbeite sie alle zusammen zu einem großartigen Saft.**

Gesamtsumme an Kalorien: 243

Vitamine: Vitamin A 406µg, Vitamin C 107,2mg, Calcium 219mg, Eisen 3,16mg, Cholin 45,9mg, Vitamin B-6 0,56mg, Vitamin K 413,5µg

Mineralien: Kupfer 0,253mg, Magnesium 114mg, Phosphor 121mg, Selen 1,3µg, Zink 0,67mg

6. Wundervoller Erfrischungssaft

Wenn dein Ziel darin besteht, Gewicht zu verlieren, versuch dieses Saftrezept. Es wird dich in die richtige Richtung lenken. Rote Beete ist ein gute Art, das Blut zu reinigen und die Gallenblase sowie die Leber zu stärken. Karotten helfen, die Leber zu reinigen und mehr Gallensaft freizusetzen. Zur gleichen Zeit werden sie dein Immunsystem aufwecken, was dir einen gesünderen Körper verleiht. Sie beinhalten außerdem Beta-Karotin, die bekanntlich das Risiko mehrerer Krebsarten verringern. Die Nährstoffe, die dieser Saft beinhaltet, werden dich mit einer Vielzahl an Ballaststoffen versorgen und können, wenn nötig, leicht eine Mahlzeit ersetzen – allerdings mit dem Vorteil, weniger Kalorien zu sich zu nehmen. Das ist ein leckeres Rezept, das du in deinem Alltag verwenden solltest.

- Rote Beete: unterstützen die Entgiftung
- Banane: reduziert das Risiko von Leukämie
- Karotten: verbessern die Sehkraft
- Pfeffer: beugt Migräne vor

Zutaten:

- Rote Beete - 1/2 Rübe 40g

- Banane – 1 mittlere 150g
- Karotten - 3 große 206g
- Pfeffer (rot, süß) - 1/2 mittlere 54g

Zubereitung:

- **Wasche alle Zutaten. Schäle sie, wenn nötig.**
- **Verarbeite sie alle zusammen zu einem großartigen Saft.**

Gesamtsumme an Kalorien: 85

Vitamine: Vitamin A 1128µg, Vitamin C 59,5mg, Calcium 51mg, Cholin 13,4mg, Folate 61µg, Vitamin B-6 0,319mg, Vitamin E 1,27mg

Mineralien: Kupfer 0,047mg, Magnesium 25mg, Phosphor 65mg, Selen 0,3µg, Zink 0,46mg

7. Lebensquelle

Hier kommt ein gesundes und appetitliches Saftrezept, das dir beim Abnehmen hilft. Rote Beeten sind sehr nützlich, die Leber zu reinigen. Das bedeutet, die Leber wird helfen, Fett effektiver zu verstoffwechseln. Die Leber wird einen zusätzlichen Kick von den Karotten erhalten, die starke Eigenschaften besitzen, um sie zu entgiften. Sie bauen zudem überschüssige Flüssigkeit ab, die sich im Körper befinden. Orangen haben 59 Kalorien pro Frucht. Sie sind fettfrei und reich an Ballaststoffen. Sie helfen wirklich, zusätzliche Kilos zu verlieren. Es können nur gute Resultate aus dem Genuss dieses Saftes entwachsen.

- Apfel: mächtiges, natürliches Antioxidans
- Rote Beete: bekämpft Entzündungen
- Karotten: reduzieren das Risiko von Lungen-krebs
- Petersilie: exzellenter Blutreiniger
- Orange: liefert wichtige Kohlehydrate

Zutaten:

- Apfel - 1 mittlerer 180g
- Rote Beete - 1/2 Rübe 40g
- Karotten - 3 mittlere 170g

- Petersilie - 1 Handvoll 40g

- Orange (geschält) - 1 mittlere 140 g

Zubereitung:

- **Wasche alle Zutaten. Schäle sie, wenn nötig.**

- **Verarbeite sie alle zusammen zu einem großartigen Saft.**

Gesamtsumme an Kalorien: 110

Vitamine: Vitamin A 1012µg, Vitamin C 34,8mg, Calcium 109mg, Eisen 2,38mg, Vitamin B-6 0,14mg, Vitamin E 1,24mg, Vitamin K 305,2µg

Mineralien: Kupfer 0,127mg, Magnesium 32mg, Phosphor 88mg, Selen 0,4µg, Zink 0,67m

8. Bananenbombe

Lass uns sehen, ob dieser köstliche Saft, deine Bedürfnisse erfüllt. Das gute an Säften ist, dass sie dir alle Nährstoffe geben, die du brauchst. Die Idee dahinter ist, dass du weniger isst und ein geringeres Verlangen nach Junk Food verspürst. Sellerie hat einen hohen Calcium-Gehalt und hilft, den Bluthochdruck zu kontrollieren. Vergiss nicht, dass Ingwer dir hilft, fettiges Essen zu verdauen und Zitronensaft einem Getränk beizumischen wird dir helfen, den Gewichtsverlust zu beschleunigen. Genieß diesen Saft, wann immer du willst. Er kann leicht jeglichen Snack ersetzen.

- Bananen: unterstützen die Gesundheit des Herzens
- Kohl: reich an Sulfur, das Schönheits-Mineral
- Sellerie: beinhaltet gute Salze
- Apfelessig: tötet Pathogene, inklusive Bakterien
- Ingwerwurzel: kontrolliert den Blutdruck
- Trauben: reduzieren das Risiko von Krebs

Zutaten:

- Banane (geschält) – 1 mittlere 150g
- Kohl (rot) – ¼ Kopf, mittelgroß 201 g

- Sellerie – 2 Stängel, 142g

- Apfelessig – 1 EL 14.9g

- Ingwerwurzel – 1 Daumen breit 24g

- Trauben – 14 Trauben 80g

Zubereitung:

- **Wasche alle Zutaten. Schäle sie, wenn nötig.**

- **Verarbeite sie alle zusammen zu einem großartigen Saft.**

Gesamtsumme an Kalorien: 130

Vitamine: Vitamin A 108µg, Vitamin C 98mg, Vitamin B-6 0,429mg, Vitamin E 0,64mg, Vitamin K 74,3µg, Niacin 1,202mg, Calcium 142mg

Mineralien: Kupfer 0,211mg, Magnesium 54mg, Phosphor 107mg, Selen 1,2µg, Zink 0,4mg

9. Erfrischungsgetränk

Unser moderner Lebensstil führt dazu, dass wir oftmals falsche Entscheidungen treffen, was die Ernährung betrifft. Hier kommt ein Saftrezept, das nur wenige Minuten Zubereitungszeit benötigt und dir einen gesunden Start in den Tag bereiten wird. Pfirsiche sind kalorienarm, daher helfen sie dir an einer reduzierten Kaloriendiät festzuhalten. Basilikumblätter sind eine großartige Quelle für Ballaststoffe. Außerdem haben sie einen Ruf für ihren Gewicht reduzierenden Effekt.

- Basilikum: reduziert Entzündungen und Schwellungen
- Karotten: sind ein mächtiges Antiseptikum
- Pfirsiche: verringern das Risiko von Krebs
- Apfel: schützt Neuronen vor oxidativem Stress

Zutaten:

- Basilikum (frisch) - 3 Blätter 1,5g
- Karotten - 14 mittlere 854g
- Pfirsiche - 5 mittlere   750g
- Apfel -1 mittleren 180 g

Zubereitung:

- **Wasche alle Zutaten. Schäle sie, wenn nötig.**
- **Verarbeite sie alle zusammen zu einem großartigen Saft.**

Gesamtsumme an Kalorien: 352

Vitamine: Vitamin A 4079µg, Vitamin C 75mg, Calcium 208mg, Vitamin B-6 0,911mg, Vitamin E 5,83mg, Vitamin K 76,9µg, Cholin 56,2mg

Mineralien: Kupfer 0,621mg, Magnesium 102mg, Phosphor 290mg, Selen 1,1µg, Zink 2,25mg

10. Früchteexpress-Saft

Das ist ein großartiger Saft, der dir helfen wird, die Pfunde oder Kilos purzeln zu lassen und der deine Energie verbessern wird. Die Zutaten, die in diesem Rezept verwendet werden, werden dir bei deiner Verdauung helfen, indem sie die Verdauungssäfte anregen und dein Cholesterin senken. Wenn du zwei Äpfel pro Tag isst, verringert das deinen Cholesterin um nahezu 17 Prozent, das sagt also alles. Nicht zu vergessen, dass sie voller Nährstoffe sind und die konsumierten Kalorien sehr gering sind. Du erzielst als die gleichen Ergebnisse wie bei einer Mahlzeit, aber nimmst eigentlich weniger Kalorien zu dir. Es ist definitiv ideal um abzunehmen.

- Äpfel: reduzieren das Risiko eines *thrombotischen Schlaganfalls*
- Karotten: reinigen den Körper
- Zitrone: stärken die Leber
- Pfirsiche: unterstützen die Gesundheit des Herzens
- Banane: senkt den Blutdruck

Zutaten:

- Äpfel - 1 großer 200g
- Karotten – 8 mittlere 500g

- Zitrone (äußere Schale abgeschnitten) - 1/2 Frucht 40g

- Pfirsiche - 2 große 300g

- Banane (geschält) - 1 mittlere 150g

Zubereitung:

- **Wasche alle Zutaten. Schäle sie, wenn nötig.**

- **Verarbeite sie alle zusammen zu einem großartigen Saft.**

Gesamtsumme an Kalorien : 410

Vitamine: Vitamin A 3128µg, Vitamin C 109,8mg, Calcium 194mg, Vitamin B-6 0,819mg, Vitamin E 4,44mg, Vitamin K 54,3µg, Cholin 55,7mg

Mineralien: Kupfer 0,412mg, Magnesium 94mg, Phosphor 206mg, Selen 1,2µg, Zink 1,37mg

11. Goldsaft

Das ist der perfekte Saft für dich, wenn du nach etwas Ausschau hältst, was dir eine schmalere Taille verleiht. Einer der Vorteile Grünkohl zu verwenden besteht darin, dass er dir einen großen Ernährungsschub verleiht mit weniger Kalorien pro Tasse. Sellerie hilft dir, deine Nervosität zu beruhigen, weil es einen hohen Calcium-Anteil hat und dir helfen wird, deinen Blutdruck unter Kontrolle zu halten. Es senkt außerdem aufgrund des Pektins, das in Äpfeln vorkommt, das Cholesterin. Dieser Saft erweist sich also als wahrer Freund während des Abnehmens.

- Apfel: reduziert das Risiko an Krebs, Diabetes und Herzkrankheiten zu leiden
- Sellerie: sorgt für bis zu 10 Prozent des täglichen Bedarfs an Vitamin A
- Gurke: hilft, Diabetes vorzubeugen, den Cholesterin zu senken und den Blutdruck zu kontrollieren
- Ingwerwurzel: sehr effektiv, Symptome einer gastrointestinalen Erkrankung zu mildern
- Grünkohl: ist ein gutes anti-Entzündung Essen
- Zitrone: hilft, das Immunsystem aufrecht zu erhalten

Zutaten:

- Äpfel - 2 mittlere   364g
- Sellerie - 2 Stangen, 128g
- Gurke – 1 Gurke 290g
- Ingwerwurzel - 1 Daumen breit 20g
- Grünkohl - 4 Blätter (20-28 cm) 120g
- Zitrone - 1/2 Frucht 40g

Zubereitung:

- **Wasche alle Zutaten. Schäle sie, wenn nötig.**
- **Verarbeite sie alle zusammen zu einem großartigen Saft.**

Gesamtsumme an Kalorien: 215

Vitamine: Vitamin B-6 0,77mg, Vitamin E 1,09mg, Niacin 2,637mg, Thiamin 0,315mg, Vitamin K 1128,7µg

Mineralien: Kupfer 2,47mg, Magnesium 119mg, Phosphor 207mg, Zink 1,65mg

12. Energiewunder

Wenn du nach einem Saft suchst, der dir bei deiner Diät oder beim Abnehmen helfen wird, solltest du diesen in Betracht ziehen. Rote Beeten sind eine großartige Möglichkeit, nicht nur dein Blut, sondern auch deine Leber zu reinigen. Das ist sehr gut, denn es hilft, Fett zu verbrennen, so dass du es schneller los wirst. Karotten helfen dir, überschüssige Flüssigkeiten deines Körpers loszuwerden, dadurch wird die Wassereinlagerung reduziert, ins-besondere für Frauen. Du wirst einen Energieschub bekommen aufgrund des hohen Anteils an Ballaststoffen und es wird eine gesunde Art sein, deinen Körper anzuheizen.

- Rote Beete: gut, um deine Kondition zu verbessern
- Kohl: reich an Vitamin K, hilft bei mentalen Funktionen und Aufmerksamkeit
- Karotten: verhindern Herzerkrankungen
- Zitrone: nimmt die Rolle des Blutreinigers an
- Orange: schütz die Haut
- Ananas: verhindert Asthma
- Spinat: eine der besten Quellen für Kalium

Zutaten:

- Rote Beete - 1 Rübe 155g

- Kohl (rot) - 2 Blätter 40g

- Karotten - 2 mittlere 143g

- Zitrone - 1/2 Frucht 40g

- Orange - 1 Frucht 121g

- Ananas - 1/3 Frucht 206g

- Spinat - 2 Handvoll 50g

Zubereitung:

- **Wasche alle Zutaten. Schäle sie, wenn nötig.**

- **Verarbeite sie alle zusammen zu einem großartigen Saft.**

Gesamtsumme an Kalorien: 195

Vitamine: Vitamin B-6 0,60mg, Vitamin E 1,58mg, Vitamin K 149,6µg, Cholin 43.8mg, Folate 261µg, Niacin 2,136mg

Mineralien: Kupfer 0,317mg, Magnesium 97mg, Phosphor 131mg, Selen 2,1µg, Zink 1,22mg

13. Erfrischender Saft

Rote Beete helfen, deinen Körper zu entgiften. Daher ist dieser Saft perfekt für ein Abnehm-Programm. Zitronensaft zu trinken hilft dir, Seele und Körper zu entspannen, indem der Stress reduziert wird. Karotten leisten gute Arbeit, indem sie die Produktion deiner weißen Blutzellen anregen, was dir dabei hilft, dein Immunsystem zu stärken. Das führt letzten Endes zu einem stärkeren Körper.

- Äpfel: sind sehr reich an wichtigen Antioxidantien
- Rote Beete: haben einen anti –Krebs-Effekt
- Karotten: hohes Maß an Beta-Karotinen, was als Antioxidans fungiert um Zellschafen zu verhindern
- Zitrone: fördert die Produktion von Verdauungssäften
- Orange: kämpft gegen virale Infektionen

Zutaten:

- Apfel – 1 mittlerer 152g
- Rote Beete – 1 Rübe 165g
- Karotte – 10 mittlere 560g
- Zitrone – ½ Frucht 40g

- Orangen (geschält) – 2 Früchte 242g

Zubereitung:

- **Wasche alle Zutaten. Schäle sie, wenn nötig.**
- **Verarbeite sie alle zusammen zu einem großartigen Saft.**

Gesamtsumme an Kalorien: 275

Vitamine: Vitamin B-6 0,945mg, Vitamin E 4,01mg, Vitamin K 60,8µg, Cholin 71,4mg, Folate 233µg, Niacin 5,101mg

Mineralien: Kupfer 0,40mg, Magnesium 107mg, Phosphor 243mg, Selen 2,3µg, Zink 1,81mg

14. Geschmackvoller Zitronensaft

Zitrone einem Getränk beizufügen wird dir beim Abnehmen helfen. Dieses Saftrezept eignet sich hervorragend für eine Diät. Zitronen helfen, den Bluthochdruck unter Kontrolle zu halten und sind außerdem ein guter Vitamin C Lieferant. Am besten nimmst du den Saft nach dem Abendessen zu dir und kombinierst ihn mit einem aktiven Lebensstil. Alle Zutaten werden dir helfen, dein Cholesterin zu senken und werden alle deine Verdauungsstörungen beheben.

- Heidelbeere: neutralisiert freie Radikale, die Krankheit und Alterung verursachen

- Zitrone: hilft Calcium- und Sauerstoff-Gehalt in der Leber in Balance zu halten

- Granatapfel: regeneriert Zellen

Zutaten:

- Heidelbeere - 1 Tasse 128g

- Zitrone - 1/4 Frucht 20g

- Granatapfel - 1 Granatapfel 262g

Zubereitung:

- **Wasche alle Zutaten.**

- **Der Granatapfel muss nicht geschält werden. Dadurch sparst du Zeit und der Geschmack wird großartig sein.**

- **Verarbeite sie alle zusammen zu einem großartigen Saft.**

Gesamtsumme an Kalorien:168

Vitamine: Vitamin A 3µg, Vitamin C 27mg, Vitamin B-6 0,209mg, Vitamin E 1,6mg, Vitamin K 49,4µg, Cholin 21mg, Folate 63µg

Mineralien: Kupfer 0,346mg, Magnesium 28mg, Phosphor 76mg, Selen 1,2µg, Zink 0,57mg

15. "Fühl dich lebendig"-Saft

Das ist ein wundervoller Saft für alle von euch, die Pfefferminze mögen. Ingwer spielt eine wichtige Rolle den LDL-Wert zu senken, weil die Schärfe in ihm das gesamte Cholesterin senkt, was absorbiert wird. Es hilft außerdem bei der Verdauung von fettigem Essen und baut Proteine ab. Orangen haben einen alkalischen Effekt im Verdauungssystem, was deine Verdauungssäfte anregt. Dadurch wird dein Stoffwechsel aktiver. Versuch es. Es wird dir helfen, deine hartnäckigen Kilos und Pfunde loszuwerden.

- Fenchel: ist reich an herzfreundlichem, elektrolytischem Kalium

- Ingwerwurzel: beinhaltet gesundheits-fördernde essentielle Öle

- Zitrone: hält den pH-Wert im Körper im Gleichgewicht

- Orange: reduziert das Risiko von Leberkrebs

- Pfefferminze: verhindert das Wachstum von Prostata-Krebs

Zutaten:

- Fenchel (Knolle und Wedel) - 1 Knolle 200g

- Ingwerwurzel - 1/2 Daumen breit 14g

- Zitrone - 1/2 Frucht 25g

- Orange (geschält) - 1 große 160g

- Pfefferminze - 5 Blätter 0.25g

Zubereitung:

- **Wasche alle Zutaten. Schäle sie, wenn nötig.**

- **Verarbeite sie alle zusammen zu einem großartigen Saft.**

Gesamtsumme an Kalorien: 84

Vitamine: Vitamin A 14µg, Vitamin C 79,4mg, Vitamin B-6 0,144mg, Folate 66µg, Niacin 1,358mg, Riboflavin 0,101mg

Mineralien: Kupfer 0,173mg, Magnesium 36mg, Phosphor 96mg, Selen 2mg, Zink 0,41mg

16. Apfelherzsaft

Dieser Saft macht dich gesünder und schlanker zur gleichen Zeit. Nährstoffe von Säften werden leicht von deinem Körper absorbiert und führen zu einem schnelleren Stoffwechsel. Äpfel helfen dir, dein Cholesterin zu senken aufgrund der Pektine, die sie enthalten. Zitronen sind immer gut, wenn man Fett in seinem Körper vernichten will. Denk an diesen Saft als einen Freund, der dir helfen will, etwas Gewicht zu verlieren.

- Apfel: verhindert Brustkrebs
- Cranberrys: reduzieren das Risiko von kardiovaskulären Erkrankungen
- Ingwerwurzel: hat entzündungshemmende Effekte
- Zitrone: verhindert die Entstehung von Falten und Akne

Zutaten:

- Äpfel - 3 mittlere 500g
- Cranberrys - 1/2 Tasse 50g
- Ingwerwurzel - 1/4 Daumen breit 6g
- Zitrone - 1/2Frucht 42g

Zubereitung:

- **Wasche alle Zutaten. Schäle sie, wenn nötig.**
- **Verarbeite sie alle zusammen zu einem großartigen Saft.**

Gesamtsumme an Kalorien: 204

Vitamine: Vitamin A 23µg, Vitamin C 101,5mg, Eisen 0,68mg, Vitamin B-6 0,214mg, Vitamin E 1,19mg, Vitamin K 9,2µg, Calcium 76mg

Mineralien: Kupfer 0,193mg, Magnesium 35mg, Phosphor 61mg, Selen 0,7µg, Zink 0,25mg

17. Jederzeit-Saft

Fett zu verlieren ist ein Resultat von Genuss natürlicher Säfte. Hier kommt ein Rezept, das du wirklich mögen wirst. Der größte Vorteil von Ingwer besteht darin, dass es deine Verdauung des fettigen Essens anregt und Proteine abbaut. Spinat hat einen hohen Anteil an Ballaststoffen. Das hilft dir mehr Energie bei weniger Kalorien zu erhalten. Sellerie wird von vielen als negative-Kalorien-Frucht angesehen und indem du Sellerie in deine Ernährung einfügst, wirst du deine Gewichtsverluste erhöhen ohne große Anstrengungen. Schmecke es, fühle es und lass dir bei deiner täglichen Abnehm-Routine helfen.

- Äpfel: reduzieren das Risiko von Schlaganfall
- Sellerie: unterstützt die Verdauung
- Gurke: entlässt schlechten Atem
- Ingwerwurzel: hat einen antimikrobiellen Effekt
- Zitrone: erhält die Gesundheit der Augen
- Limone: exzellenter Gewichtsreduzierer
- Spinat: Krebs-Prävention

Zutaten:

- Äpfel - 2 mittlere 350g

- Sellerie - 3 Stangen, groß 182g
- Gurke - 1 Gurke 300g
- Ingwerwurzel - 1/2 Daumen breit 10g
- Zitrone (mit Schale) - 1/2 Frucht 41g
- Limone (mit Schale) - 1 Frucht 65g
- Spinat - 2 Tassen 50g

Zubereitung:

- **Wasche alle Zutaten. Schäle sie, wenn nötig.**
- **Verarbeite sie alle zusammen zu einem großartigen Saft.**

Gesamtsumme an Kalorien: 185

Vitamine: Vitamin A 648µg, Vitamin C 198,9mg, Calcium 304mg, Vitamin B-6 0,422mg, Vitamin E 2,39mg, Vitamin K 1904,6µg, Niacin 2,607mg

Mineralien: Kupfer 0,395mg, Magnesium 129mg, Phosphor 201mg, Selen 1,9µg, Zink 2,04mg

18. Zitroniger Apfelsaft

Saft zu trinken ist eine gute Art konzentrierte Nährstoffe in den Körper aufzunehmen. Das nächste Rezept ist großartig, es hilft unserem Verdauungssystem besser zu funktionieren, indem es den Magen und die Nieren reinigt. Das wiederum mündet in einem stärkeren Körper. Dieser Saft wird aufgrund seiner speziellen Zutaten dein Cholesterin senken. Wassermelonensaft verhindert die Verstopfung der Arterien und zur gleichen Zeit senkt es den HDL-Wert, das gute Cholesterin. Den Saft kann man am besten vor jeglicher Art von Training einnehmen. Es ist ein ausgezeichneter Energielieferant.

- Zitrone: unterstützt die Produktion von Verdauungssäften
- Tomaten: hält den Blutdruck unter Kontrolle
- Wassermelone: verhindert Asthma
- Apfel: verbessert die neurologische Gesundheit

Zutaten:

- Zitrone - 1/2 Frucht 40g
- Tomaten - 1 große, ganz 171g
- Wassermelone - 1 großes Stück 560g

- Apfel – 1 mittleren 175g

Zubereitung:

- **Wasche alle Zutaten. Schäle sie, wenn nötig.**
- **Verarbeite sie alle zusammen zu einem großartigen Saft.**

Gesamtsumme an Kalorien: 135

Vitamine: Vitamin A 176µg, Vitamin C 68,5mg, Vitamin B-6 0,326mg, Vitamin E 0,98mg, Vitamin K 11,5µg, Calcium 58mg, Eisen 1,70mg

Mineralien: Kipfer 0,264mg, Magnesium 57mg, Phosphor 69mg, Selen 1,6µg, Zink 0,61mg

19. Grüne-Power-Saft

Säfte sind gut um die Körpergesundheit aufrecht zu erhalten und helfen uns in Form zu bleiben. Jedes Mal wenn du Essen pürierst wie Gemüse oder Früchte, können sie viel leichter absorbiert werden. Das bedeutet all die vitalen Nährstoffe werden besser und schneller vom Körper absorbiert als Vitamine oder andere Nahrungsergänzungsmittel. Karotten bauen überschüssige Flüssigkeiten deines Körpers ab und aufgrund des Vitamins A und der Beta-Karotine, können Karotten das Risiko an verschiedenen Krebsarten zu erkranken vermindern. Es ist eine großartige Art und Weise deinen Körper zu schützen und zu ernähren mit nur einem Getränk.

- Apfel: senkt die Werte des schlechten Cholesterins
- Kohl: hilft, den Körper zu entgiften
- Karotten: verhindert Herzerkrankungen
- Ingwerwurzel: beinhaltet gesundheits-förderliche, essentielle Öle
- Spinat: trägt zu Gesundheit der Knochen bei

Zutaten:

- Äpfel - 2 mittlere 364g
- Kohl (rot) - 1/4 Kopf, 140g

- Karotten - 4 mittlere 244g
- Ingwerwurzel - 1/2 Daumen breit 10g
- Spinat - 4 Hand voll 100g

Zubereitung:

- **Wasche alle Zutaten. Schäle sie, wenn nötig.**
- **Verarbeite sie alle zusammen zu einem großartigen Saft.**

Gesamtsumme an Kalorien: 200

Vitamine: Vitamin A 1818µg, Vitamin C 120mg, Vitamin B-6 0,73mg, Vitamin E 3,2mg, Vitamin K 404,1µg, Calcium 198mg, Niacin 2,936mg

Mineralien: Kupfer 0,288mg, Magnesium 111mg, Phosphor 161mg, Selen 1,7µg, Zink 1,15mg

20. In den Morgen Starter

Menschen bedürfen wahrhaft einer gesunden Alternative für künstliches Essen und Fertiggericht. Zu viele Menschen nehmen zu, weil sie nicht kontrollieren können, wie viel sie essen. Gewisse Proteine, die in Spinat enthalten sind, sind förderlich den Bluthochdruck zu senken. Das Pektin in Äpfel, Birnen und Karotten senkt das Cholesterin. Ingwer verstärkt die Blutzirkulation und aufgrund dieses tollen Getränks bekommst du einen hohen Anteil an Fructose und Glucose. Dadurch wird sichergestellt, dass du die notwendige Energie für einen aktiven Tag hast. Dieser Saft kann am Morgen oder nach dem Mittagessen genossen werden. Er ist ein super Getränk, wenn du versuchst höher wertiges Essen zu dir zu nehmen.

- Äpfel: reduziert das Risiko von Diabetes
- Karotten: machen eine gesunde und schimmernde Haut
- Gurke: reduziert Cholesterin und kontrolliert den Blutdruck
- Ingwerwurzel: hilft, die Darmmotilität zu verbessern
- Birne: förderlich für die Gesundheit deines Dickdarms

- Spinat: verhindert Verstopfung und sorgt für einen gesunden Verdauungstrakt

Zutaten:

- Apfel - 1 mittlerer 180g
- Karotten - 5 mittlere 300g
- Gurke - 1 Gurke 300g
- Ingwerwurzel - 1 Daumen breit 24g
- Birne - 1 mittlere 165g
- Spinat - 2 Hand voll 50g

Zubereitung:

- **Wasche alle Zutaten. Schäle sie, wenn nötig.**
- **Verarbeite sie alle zusammen zu einem großartigen Saft.**

Gesamtsumme an Kalorien: 211

Vitamine: Vitamin A 1863µg, Vitamin C 60,9mg, Vitamin B-6 0,545mg, Vitamin E 2,37mg, Vitamin K 220,1µg, Calcium 151mg, Eisen 2,8mg

Mineralien: Kupfer 0,408mg, Magnesium 104mg, Phosphor 164mg, Selen 1,2µg, Zink 1,28mg

21. Einfach Sellerie

Einen Saft herzustellen ist eine Kunst, die darin besteht, die Flüssigkeit und Nährstoffe von Früchten oder Gemüse zu extrahieren. Es hilft, Energie und Vitalität zu erzeugen, wie es normalerweise Pillen tun. Dieses Rezept wird die Geschwindigkeit verbessern, mit der du Gewicht verlierst. Zur gleichen Zeit liefert es dir alle täglichen Vitamine und Mineralien, die dein Körper braucht. Der menschliche Körper besteht zu 75% aus Wasser, für eine richtige Funktion von Verdauung und Entgiftung beträgt die empfohlene tägliche Menge ungefähr 2,5 Liter. Wasser ist ein starkes Element, wenn du Gewicht verlieren willst. Daher musst du dich darauf konzentrieren viel davon zu trinken. Indem du diesen Saft machst, bekommst du eine konzentrierte Portion des täglichen Flüssigkeitsbedarf, den dein Körper braucht. Zusammen mit Nähr- und Ballaststoffen, die dich den ganzen Tag mit einem Energieschub versorgen.

- Äpfel: reduzieren das Risiko von Diabetes
- Sellerie: reduzieren Entzündungen
- Mandarine: heilt Schnitte, Wunden
- Zutaten:
- Äpfel - 2 große 440g

- Sellerie - 8 Stangen, große 510g

- Mandarine (geschält) - 1 kleine 76g

Zubereitung:

- **Wasche alle Zutaten. Schäle sie, wenn nötig.**

- **Verarbeite sie alle zusammen zu einem großartigen Saft.**

Gesamtsumme an Kalorien: 180

Vitamine: Vitamin A 101µg, Vitamin C 57,2mg, Calcium 162mg, Vitamin B-6 0,427mg, Vitamin E 1,5mg, Vitamin K 101,7µg, Choline 30mg

Mineralien: Kupfer 0,217mg, Magnesium 61mg, Phosphor 127mg, Selen 1,3µg, Zink 0,45mg

22. Reich an Energie

Dieser Saft beinhaltet eine hohe Konzentration an Kalium und Phosphor, die für eine normale Körperfunktion notwendig sind. Tomatensaft liefert sehr viele Antioxidantien und verbessert außerdem dein Verdauungssystem. Der hohe Gehalt an Vitamin C in diesem Saft bewahrt die strukturelle Unversehrtheit deiner Knochen. Knoblauch wertet jedes Rezept auf, weil es einen wenig-Kalorien/hohe-Ballaststoffe-Verhältnis hat, das genau das ist, was du brauchst, wenn du Körperfett reduzieren willst.

- Gurken: kämpfen gegen Krebs
- Knoblauch : bereinigt freie Radikale
- Petersilie : guter Immunitäts-Schub
- Pfeffer : hilft bei Allergien
- Tomaten: reduziert das Risiko vom Prostata Krebs

Zutaten:

- Gurke - 1 Gurke 300g
- Knoblauch (Frühlingszwiebel) - 1 mittlere 15g
- Petersilie - 1 Hand voll 40g
- Pfeffer (süß, rot) - 1/2 mittel 55g

- Tomaten - 2 kleine 180g

Zubereitung:

- **Wasche alle Zutaten. Schäle sie, wenn nötig.**
- **Verarbeite sie alle zusammen zu einem großartigen Saft.**

Gesamtsumme an Kalorien: 68

Vitamine: Vitamin A 260µg, Vitamin C 126mg, Calcium 102mg, Vitamin B-6 0,412mg, Vitamin E 2,06mg, Vitamin K 522,6µg, Calcium 90mg

Mineralien: Kupfer 0,252mg, Magnesium 71mg, Phosphor 114mg, Selen 0,7µg, Zink 1,12mg

23. Süße Karotte

"Süße Karotte" wird dir helfen, deinen Körper gesund zu halten und gleichzeitig Gewicht zu verlieren. Paprikasaft senkt dein Cholesterin signifikant. Karotten enthalten Beta-Karotine, die das Risiko von Krebs verringern. Die hohe Menge an Vitaminen und Mineralien, die in Säften enthalten sind, werden definitiv die Geschwindigkeit erhöhen, mit der du Fett los wirst und schlanker aussiehst.

- Karotten: stocken die tägliche Vitamine auf
- Sellerie: unterstützt die Verdauung
- Gurke: reich an Vitamin B
- Petersilie: guter Blutbildner
- Pfeffer: hilft dank des Cayenne, Speichel zu produzieren
- Tomaten: Folsäure in Tomaten kann bei Depression helfen

Zutaten:

- Karotten - 2 große 144g
- Sellerie - 3 Stangen, große 192g
- Gurke - 1/2 Gurke 150.5g

- Petersilie - 2 Hand voll 80g
- Pfeffer (süß, grün) - 1/2 mittlere 58g
- Tomaten - 3 mittlere 360g

Zubereitung:

- **Wasche alle Zutaten. Schäle sie, wenn nötig.**
- **Verarbeite sie alle zusammen zu einem großartigen Saft.**

Gesamtsumme an Kalorien: 107

Vitamine: Vitamin A 1227µg, Vitamin C 142,3mg, Vitamin B-6 0,642mg, Vitamin E 3,15mg, Vitamin K 1013,3µg, Calcium 212mg, Eisen 5,55mg

Mineralien: Kupfer 0,416mg, Magnesium 105mg, Phosphor 200mg, Selen 1,1µg, Zink 1,80mg

24. Limonengenuss

"Limonengenuss" vereinigt natürliche Früchte und Gemüse in einem einzigen Getränk, das dich energiegeladen und bereit für einen neuen Tag macht. Pektin, welches in Äpfeln vorkommt, kann dein Cholesterin um mehr als 15 Prozent senken. Außerdem verbessern Paprika deinen Stoffwechsel, indem sie Triglyceride senken, was in der Tat einen Unterschied macht, wenn du abnehmen willst. Du solltest diesen Saft konsumieren, um damit deinen Tag zu beginnen und spüre den Unterschied bis zum Ende des Tages.

- Äpfel: helfen beim Abnehmen
- Koriander: sehr reich an diversen Antioxidantien
- Gurken: erlösen dich von Mundgeruch
- Limone: flutet Gifte aus
- Pfeffer: Heilmittel bei Zahnschmerzen

Zutaten:

- Äpfel - 2 mittlere 360g
- Koriander - 1 Bündel 90g
- Gurken - 2 Gurken 600g
- Limone (mit Schale) - 1/2 Frucht 30g

- Pfeffer (süß, grün) (Kerne entfernt) - 1/2 mittlere 56g

Zubereitung:

- **Wasche alle Zutaten. Schäle sie, wenn nötig.**

- **Verarbeite sie alle zusammen zu einem großartigen Saft.**

Gesamtsumme an Kalorien: 179

Vitamine: Vitamin A 244µg, Vitamin C 79,2mg, Vitamin B-6 0,442mg, Vitamin E 2,1mg, Vitamin K 227,6µg, Calcium 128mg, Eisen 2,68mg

Mineralien: Kupfer 0,419mg, Magnesium 80mg, Phosphor 153mg, Selen 1,8µg, Zink 1,25mg

25. Farbenfroher Saft

Ich denke, Abnehmen kann für jeden eine Herausforderung sein, der nicht kontrollieren kann, wie und was er isst. Aber mit Durchhaltevermögen und einer ernsthaften Einstellung kannst du alles erreichen. „Farbenfroher Saft" wird dir helfen deinem Ziel näher zu kommen. Spargel beinhaltet 3 Gramm Ballaststoffe, die schnell das Verdauungssystem reinigen werden. Sellerie hilft beim Verlangen nach Süßigkeiten ab und kontrolliert Bluthochdruck. Er beinhaltet Probiotika, die selektiv das Wachstum freundlicher Bakterien im Darm stimulieren, was die Verdauung unterstützt. Nicht zu vergessen der hohe Anteil an Nährstoffen, der viel schneller absorbiert wird. Das ist ein Saft, den man trinken muss, wenn du ernsthaft versuchst in Form zu kommen.

- Spargel: reichhaltig an Nährstoffen
- Karotten: Vitamin A unterstütz die Leber die Toxine aus dem Körper herauszuwaschen
- Sellerie: nur wenige Kalorien, gute Wahl um abzunehmen
- Apfel: reguliert den Blutzucker

Zutaten:

- Spargel- 4 Stangen, mittlere 60g

- Karotten - 3 große 216g
- Sellerie - 2 Stangen, große 128g
- Apfel – 1 mittlere 180g

Zubereitung:

- **Wasche alle Zutaten. Schäle sie, wenn nötig.**
- **Verarbeite sie alle zusammen zu einem großartigen Saft.**

Gesamtsumme an Kalorien: 71

Vitamine: Vitamin A 1259µg, Vitamin C 14,1mg, Calcium 87mg, Eisen 1,40mg, Vitamin B-6 0,302mg, Vitamin E 1,55mg, Vitamin K 61,5µg

Mineralien: Kupfer 0,173mg, Magnesium 31mg, Phosphor 81mg, Selen 1,3µg, Zink 0,61mg

26. Ferien-Saft

Saft zu machen ist lustig und eine einfache Art um Früchte und Gemüse in deinen Ernährungsplan aufzunehmen. Dieses Rezept ist sowohl gesund als auch lecker. Ein großer Vorteil um Grünkohl in deinem Saft hinzu zu fügen, ist, dass er eine große Menge an Nährstoffen liefert mit einem der niedrigsten Kalorienwerte pro Tasse aller Gemüsearten. Das bedeutet, er lässt dich schneller schlanker aussehen. Zitronensaft hilft das Cholesterin zu senken und Fett loszuwerden. Du solltest diesen Saft 30 Minuten vor einer Mahlzeit einnehmen um das Beste daraus zu erhalten.

- Äpfel: beinhalten Pektin und senken den LDL-Wert (schlechtes Cholesterin)
- Sellerie: hilft, den Bluthochdruck zu kontrollieren
- Gurke: enthält Silikate, essentielle Komponente eines gesunden Bindegewebes
- Ingwerwurzel: verbessert Effekte auf die zu verdauenden Alimente
- Grünkohl: unterstützt das gesunde Immunsystem
- Zitrone: unterstützt die Heilung bei Atemproblemen
- Orange: stimuliert die weißen Zellen um eine Entzündung zu bekämpfen

Zutaten:

- Äpfel - 3 mittlere 540g
- Sellerie - 3 Stangen, große 190g
- Gurke - 1/2 Gurke150. 5g
- Ingwerwurzel - 1/2 Daumen breit 10g
- Grünkohl - 4 Blätter 140g
- Zitrone - 1 Frucht 50g
- Orange (geschält, entkernt) - 1 große 180g

Zubereitung:

- **Wasche alle Zutaten. Schäle sie, wenn nötig.**
- **Verarbeite sie alle zusammen zu einem großartigen Saft.**

Gesamtsumme an Kalorien: 295

Vitamine: Vitamin A 531µg, Vitamin C 212,8mg, Calcium 294mg, Eisen 2,69mg, Vitamin B-6 0,627mg, Vitamin E 1,3mg, Vitamin K 735,8g

Mineralien: Kupfer 1,664mg, Magnesium 103mg, Phosphor 211mg, Selen 2,4µg, Zink 1,19mg

27. Spinat-Power

"Spinat Power" kann einen Snack ersetzen oder aber ein Teil deines morgendlichen Frühstücks, wenn du sehr hungrig bist. Es ein sehr guter Energielieferant und reich an Nährstoffen. Um einen stärkeren Körper zu haben, müssen alle Körperfunktionen richtig arbeiten. Rote Beeten haben bewiesen, dass sie das Blut reinigen und helfen, Fett zu verstoffwechseln. Nicht zu vergessen, dass sie reich an Kohlehydraten sind und damit eine gute Energieressource. Sellerie ist reich an Vitamin C und hat einen hohen Anteil an Ballaststoffen, welche wichtig für den Körper sind.

- Äpfel: sie senken das Risiko Lungenkrebs zu entwickeln

- Rote Beeten: sind ein gutes Behandlungsmittel gegen Leukämie

- Karotten: der Verzehr von Beta-Karotinen reduziert das Risiko verschiedener Krebsarten

- Spinat: senkt tumorartige Zellteilung, z.B. beim Brustkrebs

Zutaten:

- Apfel - 1 mittleren 180g

- Rote Beete - 1 Rübe 175g

- Karotte - 8 mittlere 480g

- Spinat - 3 Tassen 90g

Zubereitung:

- **Wasche alle Zutaten. Schäle sie, wenn nötig.**
- **Verarbeite sie alle zusammen zu einem großartigen Saft.**

Gesamtsumme an Kalorien: 190

Vitamine: Vitamin A 3074µg, Vitamin C 50,5mg, Calcium 218mg, Vitamin B-6 0,765mg, Vitamin E 3,05mg, Vitamin K 368,6µg, Eisen 4,01mg

Mineralien: Kupfer 0,373mg, Magnesium 125mg, Phosphor 215mg, Selen 2,1µg, Zink 1,35mg

28. Gesundheits-Lieferant

Um besser zu leben und dich großartig zu fühlen, musst du dich von Junk Food fernhalten. Dieser Saft wird deinen Körper mit einer Vielzahl an Nährstoffen versorgen, die er benötigt. Mach diesen Saft am Morgen als Energiequelle und er wird dir helfen, deinen Stoffwechsel für den ganzen Tag aktiv zu halten. Cholin, das im Saft von Rote Beete enthalten ist, ist großartig um dein ganzes Verdauungssystem zu entgiften. Eine Karotte pro Tag reduziert das Schlaganfall-Risiko bis zu 68 Prozent, also überleg zweimal, ob du die Gemüse ablehnst. Eine hohe Anzahl an Nährstoffen macht diesen Saft zusammen mit gesundem Essen geeignet um deinen Körper für den ganzen Tag anzuheizen.

- Äpfel: schützen Gehirnzellen vor Schaden durch freien Radikalen, welche zu Alzheimer führen
- Rote Beete: Einzigartige Quelle für Betaine, ein Nährstoff, der Zellen schützt
- Karotten: die große Menge an Beta-Karotine fungiert als Antioxidans für Zellschaden
- Sellerie: reguliert den Säurehaushalt des Körpers
- Ingwerwurzel: hilft bei Arthritis-Problemen

- Gurke: rehydriert den Körper und stockt ihn mit Vitaminen auf

Zutaten:

- Äpfel - 2 mittlere 360g
- Rote Beete - 1 Rübe 175g
- Karotten - 4 mittlere 240g
- Sellerie - 3 Stangen 192g
- Ingwerwurzel - 1/2 Daumen breit 10g
- Gurke - 1/2 Gurke 150g

Zubereitung:

- **Wasche alle Zutaten. Schäle sie, wenn nötig.**
- **Verarbeite sie alle zusammen zu einem großartigen Saft.**

Gesamtsumme an Kalorien: 215

Vitamine: Vitamin A 1370µg, Vitamin C 34,2mg, Vitamin B-6 0,557mg, Vitamin E 2,04mg, Vitamin K 83,1µg, Calcium 160mg, Eisen 2,40mg

Mineralien: Kupfer 0,327mg, Magnesium 84mg, Phosphor 167mg, Selen 1,6µg, Zink 1,25mg

29. Gutes Leben

"Gutes Leben" ist wichtig um eine gute Gesundheit zu bewahren und kann das Abnehmen erleichtern. Er ist einfach vorzubereiten und du bekommst das Maximum an Nutzen, wenn alle Zutaten frisch sind. Rote Beeten sind gut, um deinen Körper anzuheizen und beinhalten Ballaststoffe, die essentiell für deinen Körper sind. Spirulina enthält alle essentiellen Aminosäuren, die der Körper braucht. Das wird definitiv eine reichhaltige Quelle sein, um schlanker auszusehen.

- Rote Beete: nützlich um die Leber zu reinigen
- Sellerie: schützt die Augen und verhindert altersbedingte Sehdegenerationen
- Spinat: hoher Gehalt an Eisen macht ihn zu einem guten Blutbildner
- Spirulina: verbessert die Ausdauer und die Immunität

Zutaten:

- Rote Beete - 1 Rübe 175g
- Sellerie - 2 Stangen, große 128g
- Spinat - 3 Tasse 90g

- Spirulina (getrocknet) - 1 Teelöffel 2,31g

Zubereitung:

- **Wasche alle Zutaten. Schäle sie, wenn nötig.**

- **Verarbeite sie alle zusammen zu einem großartigen Saft.**

Gesamtsumme an Kalorien: 52

Vitamine: Vitamin A 308μg, Vitamin C 23,7mg, Vitamin B-6 0,257mg, Vitamin E 1,45mg, Vitamin K 311,1μg, Calcium 110mg, Eisen 3,12mg

Mineralien: Kupfer 0,291mg, Magnesium 90mg, Phosphor 100mg, Selen 2μg, Zink 0,78m

30. Lass die Kohlköpfe rollen

Säfte gibt es schon seit einer langen Zeit und sind die beste Art und Weise um alle Nährstoffe zu absorbieren, die Früchte und Gemüse anbieten. „Lass die Kohlköpfe rollen" ist einfach vorzubereiten und dank des geringen Kaloriengehalts, wirst du große Resultate sehen, gleich nachdem du den Saft getrunken hast. Die beste Tageszeit um ihn zu trinken ist am Morgen. Dann kannst du den Tag mit einem Energieschub starten, um dich aktiv zu halten.

- Rote Beete: senk den Blutdruck in einer kurzen Zeitspanne
- Karotten: reich an Beta-Karotin
- Orangen: bekämpft virale Infektionen

Zutaten:

- Rote Beete - 1 Rübe 170g
- Karotte - 2 mittlere 120g
- Orangen - 2 Früchte 262g

Zubereitung:

- **Wasche alle Zutaten. Schäle sie, wenn nötig.**

- **Verarbeite sie alle zusammen zu einem großartigen Saft.**

Gesamtsumme an Kalorien: 115

Vitamine: Vitamin A 726µg, Vitamin C 104,6mg, Vitamin B-6 0,29mg, Vitamin E 0,84mg, Vitamin K 11,1µg, Calcium 111mg, Eisen 1,40mg

Mineralien: Kupfer 0,211mg, Magnesium 55mg, Phosphor 102mg, Selen 1,7µg, Zink 0,73mg

31. Lebenskick

Wenn du in Eile bist, ist es einfach, dem Verlangen nach abgepackten und fertig zubereiteten Essen, welches im Supermarkt angeboten wird, zu erliegen, einfach nur weil sie einfach zu bekommen sind. Aber der leichtere ist langfristig nicht immer der beste Weg. Der einfachste Weg einen gesunden Tagessnack zu haben, der dich mit allen Vitaminen versorgt, ist ein Getränk. Dieser Saft ist vollgepackt mit vitalen Zutaten, die dein Immunsystem verbessern und deinen Körper mit allem auffüllen, was er braucht, um ordentlich und effizient zu funktionieren.

- Rote Beete : verhindert Krebs
- Karotten : gutes Mittel um die haut vor Sonne zu schützen
- Sellerie : unterstützt Verdauung, verstärkt Gewichtsverlust
- Ingwerwurzel: hat entzündungshemmende Effekte
- Zitrone: kontrolliert und bewahrt den pH-Wert deines Körpers
- Pfeffer: fördert Gewichtsverlust
- Spinat : bewahrt Muskel und Nervenfunktion

Zutaten:

- Rote Beete - 170g
- Karotte - 210g
- Sellerie - 2 Stangen,125g
- Ingwerwurzel - 1 Daumen breit 20g
- Limone - 1/2 Frucht 30g
- Pfeffer (Jalapeno) - 1 Pfeffer 10g
- Spint - 2 Tassen 60g

Zubereitung:

- **Wasche alle Zutaten. Schäle sie, wenn nötig.**
- **Verarbeite sie alle zusammen zu einem großartigen Saft.**

Gesamtsumme an Kalorien: 107

Vitamine: Vitamin A 1457µg, Vitamin C 48,4mg, Vitamin B-6 0,507mg, Vitamin E 2,49mg, Vitamin K 241,1µg, Calcium 155mg, Eisen 3,01mg

Mineralien: Kupfer 0,301mg, Magnesium 96mg, Phosphor 151mg, Selen 2µg, Zink 1,21mg

32. Gewichts-Bekämpfer

"Gewichts-Bekämpfer" wird mit Sicherheit einen Unterschied bei deinem Kampf gegen Fett machen, wenn er nur ein paar Mal die Woche konsumiert wird. Diese Früchte und Gemüse haben aufgrund der Rüben und Wurzeln einiges zu bieten. Futterrüben sind die Blätter, die mit der Beete kommen, sie haben eine hohe Konzentration an Vitaminen, wenn sie gewaschen und in deinen Saft vermengt werden.

- Apfel: aufgrund des Pektin hilft es beim Abnehmen
- Futterrübe: feuern deine Ausdauer an und bekämpfen Entzündung
- Rote Beete: hat anti-Tumor Effekte
- Karotten: verbessern die Sehkraft und haben einen anti-aging Effekt
- Sellerie: unterstützt die Verdauung aufgrund des hohen Wassergehalts mit unlöslichen Ballaststoffen
- Ingwerwurzel: hat schmerzlindernde Effekte

Zutaten:

- Apfel - 1 große 220g
- Futterrübe (optional) - 3 Blätter 95g

- Rote Beete - 1 Rübe 175g

- Karotten - 4 mittlere 240g

- Sellerie - 1 Stange, große 60g

- Ingwerwurzel - 1/2 Daumen breit 10g

Zubereitung:

- **Wasche alle Zutaten. Schäle sie, wenn nötig.**

- **Verarbeite sie alle zusammen zu einem großartigen Saft.**

Gesamtsumme an Kalorien: 157

Vitamine: Vitamin A 1645µg, Vitamin C 45,1mg, Vitamin B-6 0,4mg, Vitamin E 2,59mg, Vitamin K 307,1µg, Calcium 181mg, Eisen 3,51mg

Mineralien: Kupfer 0,371mg, Magnesium 109mg, Phosphor 162mg, Selen 1,8µg, Zink 1,21mg

33. Morgendliches Frühstück

Es gibt nichts erfrischenderes als einen Energiegetränk am Morgen. Indem man es in die tägliche Routine aufnimmt, verbessert sich dein Durchhaltevermögen und das Abnehmen geht viel schneller als wenn du das Getränk nur einmal im Monat probierst. Der Grund dafür ist der hohe Gehalt an Ballaststoffen und Nährstoffen. „Morgendliches Frühstück" ist sehr kalorienarm, was entzündungshemmend ist, und eines der besten natürlichen Heilmittel.

- Apfel: enthalten natürliche Abführmittel
- Karotten: vollziehen wahre Wunder dem Immunsystem einen Schub zu geben
- Sellerie: beruhigt die Nerven aufgrund des hohen Calcium-Gehalts
- Ingwerwurzel: senkt das LDL-Cholesterin
- Zitrone: gut für Gesundheitsprobleme, weil es Kalium enthält
- Birnen: besitzen Antioxidantien, die hohne Blutdruck verhindern
- Kanadische Gelbwurz: hat mächtige, entzündungshemmende Effekte

Zutaten:

- Äpfel - 2 mittlere 360g
- Karotten - 3 mittlere 180g
- Sellerie - 3 Stangen, große 190g
- Ingwerwurzel - 1 Daumen breit 22g
- Zitrone (geschält) - 2 Früchte 165g
- Birne - 2 mittlere 355g
- Kanadische Gelbwurz - 6 Daumen breit 140g

Zubereitung:

- **Wasche alle Zutaten. Schäle sie, wenn nötig.**
- **Verarbeite sie alle zusammen zu einem großartigen Saft.**

Gesamtsumme an Kalorien: 364

Vitamine: Vitamin A 1107µg, Vitamin C 283,1mg, Vitamin B-6 1,025mg, Vitamin E 2mg, Vitamin K 73,6µg, Calcium 191mg, Eisen 3,41mg

Mineralien: Kipfer 0,743mg, Magnesium 115mg, Phosphor 212mg, Selen 1,5µg, Zink 1,35mg

34. Starte gesund

Süßkartoffel sind reich an Kalium und Calcium, die wichtig für jede sind, unabhängig vom Lebensstil. "Starte gesund" ist reich an Vitaminen und Mineralien. Versuch dieses Getränk ungefähr 30-60 Minuten, bevor du isst. Dadurch erlaubst du deinem Körper zuerst alle Nährstoffe aus den Früchten und Gemüsen zu absorbieren

- Äpfel: reduziert das Risiko an Lungenkrebs
- Rote Beete: reinigt den Dickdarm und stärkt die Leber
- Karotte: Beta-Karotin senkt das Risiko von Muskeldegeneration
- Orange: stimuliert weiße Zellen um Infektionen zu bekämpfen
- Pfeffer: hat Antioxidantien und antibakterielle Effekte
- Süßkartoffel: hilft das Immunsystem zu stärken

Zutaten:

- Äpfel (Golden Delicious) - 2 mittlere 360g
- Rote Beete - 2 Rüben 160g
- Karotten - 1 große 70g

- Orange (optional) - 1 Frucht 135g
- Pfeffer (süß, rot) - 1 mittlere 115g
- Süßkartoffel – 130g

Zubereitung:

- **Wasche alle Zutaten. Schäle sie, wenn nötig.**
- **Verarbeite sie alle zusammen zu einem großartigen Saft.**

Gesamtsumme an Kalorien: 250

Vitamine: Vitamin A 1211µg, Vitamin C 177,5mg, Vitamin B-6 0,735mg, Vitamin E 2,51mg, Vitamin K 18,1µg, Calcium 118mg, Eisen 2,31mg

Mineralien: Kupfer 0,35mg, Magnesium 85mg, Phosphor 167mg, Selen 1,8µg, Zink 1,15mg

35. Natürlicher Mix

Säfte waren schon immer geschmack-volle Getränke, aber sie sind mehr als das, sie sind eine Quelle der Gesundheit. Wenn sie mit den richtigen Zutaten vorbereitet werden, dann versorgen sie dich mit allen Vitaminen, die dein Körper braucht. Das ist ein großartiges Saftrezept, das abführende Effekte hat und hilft, dein Immunsystem aufzubauen. Du solltest ihn am Morgen trinken oder am Abend nach dem Abendessen. Lass uns sehen, welch großartige Effekte er auf deinen eigenen Körper haben wird.

- Apfel: beinhaltet Bor, was die Knochen stärkt
- Sellerie: hat Nährstoffe, die die Augen schützen und altersbedingte Seh-degenrationen verhindert
- Gurke: gute Quelle für Silikon, die die Gesundheit der Haut verbessert
- Löwenzahn: reduziert Stress und Krebs
- Grünkohl: sorgt für einen Nährstoff-Schub mit geringer Kalorienanzahl
- Zitrone: beschleunigt das Abnehmen

Zutaten:

- Äpfel - 2 mittlere 360g

- Sellerie - 2 Stangen, mittlere 80g
- Gurke - 1/2 Gurke 150g
- Löwenzahn - 1 Tasse, gehackt 55g
- Grünkohl - 3 Blätter 105g
- Zitrone - 1/2 Frucht 42g

Zubereitung:

- **Wasche alle Zutaten. Schäle sie, wenn nötig.**
- **Verarbeite sie alle zusammen zu einem großartigen Saft.**

Gesamtsumme an Kalorien: 165

Vitamine: Vitamin A 581µg, Vitamin C 133,2mg, Vitamin B-6 0,504mg, Vitamin E 2mg, Vitamin K 854µg, Calcium 238mg, Eisen 3,13mg

Mineralien: Kupfer 1,29mg, Magnesium 81mg, Phosphor 163mg, Selen 1,4µg, Zink 0,95mg

36. Überraschungs-Saft

Abnehmen wird immer assoziiert mit Saftrezepten, weil sie weniger Kalorien haben und die Nährstoffe vom Körper schneller absorbiert werden. Er sollte innerhalb von 30-60 Minuten vor einer Mahlzeit konsumiert werden. Die Effekte treten erst ungefähr nach einer Woche auf. Hier kommen einige Vorteile dieses Saftes, die sicherlich deinen Gesundheitszustand verbessern wird.

- Apfel: schützt Gehirnzellen vor Schaden durch freie Radikale
- Karotten: Konsum von Beta-Karotin ist verbunden mit dem verminderten Risiko einiger Krebsarten
- Koriander: reduziert die Summe von eingelagertem Fett in den Zellmembranen
- Blattkohl: reich an Nährstoffen mit anti-Tumor Eigenschaften
- Grünkohl: beinhaltet Sulforaphan, welches ein gesundes Immunsystem unterstützt
- Pfeffer: hat antioxidantische Fähigkeiten, so dass es freie Radikal im Körper neutralisieren kann

Zutaten:

- Apfel - 1 mittlere 180g

- Karotten - 3 mittlere 180g
- Koriander - 1 Hand voll 35g
- Blattkohl - 1 Tasse, gehackt 35g
- Grünkohl - 4 Blätter (20-28 cm) 140g
- Pfeffer (süß, rot) - 1 mittel 115g

Zubereitung:

- **Wasche alle Zutaten. Schäle sie, wenn nötig.**
- **Verarbeite sie alle zusammen zu einem großartigen Saft.**

Gesamtsumme an Kalorien: 158

Vitamine: Vitamin A 1832µg, Vitamin C 252,1mg, Vitamin B-6 0,812mg, Vitamin E 3,52mg, Vitamin K 898,1µg, Calcium 275mg, Eisen 2,86mg

Mineralien: Kupfer 1,61mg, Magnesium 90mg, Phosphor 187mg, Selen 1,6µg, Zink 1,28mg

37. Broccoli-Combo

"Broccoli Combo" ist einfach vorzubereiten. Du solltest ihn am Morgen trinken, so dass du dich für den Rest des Tages mit Energie versorgen kannst. Wenn du ihn jeden zweiten Tag machen kannst, wird es vorteilhafter sein. Er enthält einen hohen Prozentsatz an Vitamin C, das dein Immunsystem stärkt und dir Stärke gibt um jegliche Gesundheitsprobleme zu bekämpfen.

- Broccoli : enthält viel Eisen, was ein wichtiger Nährstoff ist, um das Energiegehalt hoch zu halten
- Kohl: hilft, deinen Körper zu entgiften und hält deinen Blutdruck davon ab, anzusteigen
- Grünkohl: sorgt für die richtige Funktion von Insulin und reguliert den Blutzucker

Zutaten:

- Broccoli - 1 Stange 150g
- Kohl - 1/2 Kopf, mittlere 450g
- Grünkohl - 4 Blätter (20-28 cm) 140g

Zubereitung:

- **Wasche alle Zutaten. Schäle sie, wenn nötig.**

- **Verarbeite sie alle zusammen zu einem großartigen Saft.**

Gesamtsumme an Kalorien: 117

Vitamine: Vitamin A 536µg, Vitamin C 328,1mg, Vitamin B-6 0,841mg, Vitamin E 1mg, Vitamin K 1038,6µg, Calcium 321mg, Eisen 3,68mg

Mineralien: Kupfer 1,571mg, Magnesium 102mg, Phosphor 241mg, Selen 4,3µg, Zink 1,41mg

38. Tropischer Ingwer

Wenn du auf eine gesunde Ernährung umsteigst und etwas Gewicht verlieren willst, dann sollte dieses Saftrezept auf deinem Menüplan stehen. "Tropischer Ingwer" ist voll an Nährstoffen, die will nicht nur deinem Körper zu Gute kommen, sondern auch den Energielevel während des Tages erhöhen. Für dieses Rezept benötigst du die aufgelisteten Zutaten und du solltest den Saft am Abend genießen.

- Ingwerwurzel: verhindert krebsartiges Tumorwachstum und hilft Fieber zu senken

- Grünkohl: ist reich an Organosulfur-Verbindungen, die viele Krebsarten bekämpfen

- Mango: enthält Enzyme, die Proteine abbauen

- Orange: beinhaltet Hesperidin, das Bluthochdruck senkt

- Ananas: verhindert das Fortschreiten von altersbedingter Muskeldegeneration

Zutaten:

- Ingwerwurzel - 1/2 Daumen breit 10g

- Grünkohl - 4 Blätter (20-28 cm) 140g

- Mango - 1 Frucht ohne Abfälle 335g
- Orange - 1 kleine 95g
- Ananas - 1 Tasse, Stücke 165g

Zubereitung:

- **Wasche alle Zutaten. Schäle sie, wenn nötig.**
- **Verarbeite sie alle zusammen zu einem großartigen Saft.**

Gesamtsumme an Kalorien: 231

Vitamine: Vitamin A 625µg, Vitamin C 294,2mg, Vitamin B-6 0,725mg, Vitamin E 2,24mg, Vitamin K 701,2µg, Calcium 215mg, Eisen 2,25mg

Mineralien: Kupfer 1,904mg, Magnesium 93mg, Phosphor 143mg, Selen 2,5µg, Zink 0,95mg

39. Zitronenkönig

Saftrezepte sind gesund und eine moderne Art fit zu bleiben. Das stellt sicher, dass dein Körper alle wichtigen Nährstoffe, Mineralien und Vitamine bekommt, die er braucht. Am besten nimmt man diesen Saft am Morgen zu sich oder du kannst damit auch einen täglichen Snack ersetzen. Wenn du diesen Saft täglich trinkst, wirst du dessen Effekte in deinem Körper und genauso in deiner Seele fühlen.

- Apfel: reduziert Cholesterin und verringert das Risiko von Diabetes

- Sellerie: reguliert den Säurehaushalt des Körpers

- Grünkohl: unterstützt ein gesundes Immunsystem und hat anti-Tumor Eigenschaften

- Zitrone: verhindert Hautprobleme

- Spinat: großartig um den Blutdruck zu senken und reinigt das System, indem es angesammelten Abfall entfernt

Zutaten:

- Äpfel (Granny Smith) - 4 mittlere 725g

- Sellerie - 3 Stangen, große 190g

- Grünkohl - 2 Blätter (20-28 cm) 70g
- Zitrone (geschält) - 1 Frucht 58g
- Spinat - 4 Tassen 120g

Zubereitung:

- **Wasche alle Zutaten. Schäle sie, wenn nötig.**
- **Verarbeite sie alle zusammen zu einem großartigen Saft.**

Gesamtsumme an Kalorien: 254

Vitamine: Vitamin A 679µg, Vitamin C 131,4mg, Vitamin B-6 0,627mg, Vitamin E 3,03mg, Vitamin K 801,2µg, Calcium 251mg, Eisen 4,11mg

Mineralien: Kupfer 1,041mg, Magnesium 131mg, Phosphor 180mg, Selen 2µg, Zink 1,10mg

40. Großer Mix

Einer der besten Methode um abzunehmen und Fett zu verlieren besteht darin, den Tag mit diesem wohlschmeckenden Saft zu beginnen. Paprika hilft, den Stoffwechsel unseres Körpers zu erhöhen, indem er Triglyceride senkt, die sich in unserem Körper ansammeln. Das wiederum hilft, Kalorien effektiver zu verbrennen. Im Folgenden sind noch weitere Nutzen dieses Saft-Rezepts aufgeführt:

- Cayenne Pfeffer: blockiert die Schmerzweiterleitung, daher hilft es, den Schmerz bis zu einem gewissen Grad zu mildern

- Sellerie : senkt Bluthochdruck

- Koriander: hat nur wenige Kalorien und enthält kein Cholestrol

- Knoblauch: reduziert die Triglyceride im Blut und die Entstehung arterieller Plaques

- Zwiebel: seit Jahrhunderten wurden Zwiebeln genutzt, um Entzündungen zu lindern und Infektionen zu heilen

- Tomate: hat anti-oxidantische Eigenschaften und verbessert die Verdauungsfunktion

Zutaten:

- Cayenne Pfeffer (scharf) 0.20g
- Sellerie - 1 Stange, große 63g
- Koriander - 1 Hand voll 35g
- Knoblauch - 1 Zehe 3g
- Zwiebel (Frühlingszwiebel) - 1 mittlere 14g
- Pfeffer (süß, grün) - 1 mittel 115g
- Salz (Himalaya) - 1 Prise 0,2g
- Tomate - 1 Tasse Kirschtomaten 145g

Zubereitung:

- **Wasche alle Zutaten. Schäle sie, wenn nötig.**
- **Verarbeite sie alle zusammen zu einem großartigen Saft.**

Gesamtsumme an Kalorien: 35

Vitamine: Vitamin A 156µg, Vitamin C 91,5mg, Vitamin B-6 0,370mg, Vitamin E 1,65mg, Vitamin K 122,2µg, Calcium 63mg, Eisen 1,25mg

Mineralien: Kupfer 0,200mg, Magnesium 33mg, Phosphor 70mg, Selen 0,7μg, Zink 0,52mg

41. Omas Saft

Wenn du ein Saftliebhaber bist, kommt hier ein großartiges Rezept für doch. Es wird dir helfen, den Stoffwechsel des Körpers zu verbessern und erleichtert das Abnehmen. Am besten serviert man es am Morgen oder 30 bis 60 Minuten, bevor du etwas isst, oder aber du ersetzt damit ganz einfach einen Snack. Dieser Saft hat einen hohen Anteil an Kalium und Phosphor, die Stresssymptome lindern. Wenn du also einen schlechten Tag hattest, kannst du immer entspannen und das Getränk genießen. Es wird dir helfen. Hier nun einige Vorteile dieses Rezeptes:

- Apfel: Quelle für Ballaststoffe ohne zu viele Kalorien

- Karotten: sehr reich an Vitamin A, gut, um das Augenlicht zu verbessern

- Gurke: gegen Mundgeruch und rehydriert den Körper

- Trauben: reduzieren die Fähigkeit von Zellen Fett zu speichern um bis zu 130 Prozent, unterstützt damit signifikant das Abnehmen

- Pfeffer: stimuliert weiße Zellen um Infektionen zu bekämpfen, bildet in natürlicher Weise ein gesundes Immunsystem auf

- Spinat: hohe alkalische Eigenschaften machen ihn zur perfekten Wahl für Menschen, die an entzündlichen Alimenten leiden, wie Osteoarthritis
- Tomate: verbessert die Gesundheit des Herzens, indem es den Blutdruck senkt

Zutaten:

- Äpfel (grün) - 2 mittlere 355g
- Karotten - 3 mittlere 180g
- Gurke - 1 Gurke 300g
- Trauben (grün) - 15 Trauben 90g
- Pfeffer (süß, grün) - 1 mittel 115g
- Spinat - 2 Tassen 60g
- Tomate - 1 mittlere 115g

Zubereitung:

- **Wasche alle Zutaten. Schäle sie, wenn nötig.**
- **Verarbeite sie alle zusammen zu einem großartigen Saft.**

Gesamtsumme an Kalorien: 221

Vitamine: Vitamin A 1325µg, Vitamin C 114,2mg, Vitamin B-6 0,701mg, Vitamin E 2,79mg, Vitamin K 270,1µg, Calcium 171mg, Eisen 2,9mg

Mineralien: Kupfer 0,429mg, Magnesium 112mg, Phosphor 185mg, Selen 1,1mg, Zink 1,31mg

42. Mineralquelle

Egal welche Art Lebensstil du führst, du solltest dir Zeit nehmen für einen gesunden Saft, der eine exzellente Quelle für Mineralien und Vitaminen sein kann. Wenn du abnehmen willst, verbessere deine Gesundheit oder fühl dich einfach besser. Ein natürlicher Saft kann das für dich tun. Er ist ein wahrer Freund, wenn es darum geht, zu verbessern, wie dein Körper aussieht, arbeitet und wie er sich anfühlt. Und das Ergebnis wird definitiv ein positives sein. Hier kommen nun die Vorteile dieses Saftrezeptes.

- Apfel: ein Apfel pro Tag reduziert das Risiko von Brustkrebs um 16 Prozent

- Rote Beete: sehr heilend für Hepatotoxizität oder Gallenleiden wie Essensvergiftung oder Hepatitis

- Ingwerwurzel: reduziert Entzündungen und verhindert die Vermehrung von Herpes Simplex Viren

- Zitrone: Zitronensaft hinzuzufügen wird das Abnehmen erleichtern

- Ananas: bekämpft die Formation freier Radikale, die dafür bekannt sind, Krebs zu verursachen

Zutaten:

- Apfel - 1 mittlere 180g
- Rote Beete (golden) – 1 Rübe 80g
- Ingwerwurzel - 1 Daumen breit 24g
- Zitrone - 1/2 Frucht 29g
- Ananas - 2 Stücke 332g
- Kürbiskuchen-Gewürz (eine Prise) - 1/4 Teelöffel 0,42g

Zubereitung:

- **Wasche alle Zutaten. Schäle sie, wenn nötig.**
- **Verarbeite sie alle zusammen zu einem großartigen Saft.**

Gesamtsumme an Kalorien: 179

Vitamine: Vitamin A 11µg, Vitamin C 121,4mg, Vitamin B-6 0,385mg, Vitamin E 0,35mg, Vitamin K 4.5µg, Calcium 55mg, Eisen 1,53mg

Mineralien: Kupfer 0,36mg, Magnesium 56mg, Phosphor 64mg, Selen 0,8µg, Zink 0,60mg

43. Gesundheitsfreund

Hier kommt ein großartiges und leicht zuzubereitendes Saftrezept, das dir unglaubliche Abnehm-Ergebnisse beschert und dir dabei hilft, dass dein Körper alle notwendigen Nährstoffe erhält, die dein Körper braucht. Es ist eine gute Art und Weise Zeit zu sparen und wird deinen Tag aufwerten. Du kannst mit diesem Saft einfach einen ungesunden Snack ersetzen. Hier sind einige Effekte dieses Saftes:

- Spargel: enthält Kalium, das dafür bekannt ist, Fett zu verbrennen, außerdem beinhaltet er wenig natürliches Natrium und hat kein Cholesterol, was hilft, wenn man abnehmen will

- Sellerie: hat hohe anti-oxidantische Anteile und hat einen antibakteriellen Effekt gegen Salmonellen

- Koriander: ist ein natürlicher Wasserreiniger und ein vitaler Nährstoff, der erforderlich ist für dir Formation und den Erhalt starker Knochen

Zutaten:

- Spargel- 6 Stangen, mittlerer 95g

- Sellerie - 3 Stangen, große 185g

- Koriander - 1 Hand voll 32g

Zubereitung:

- **Wasche alle Zutaten. Schäle sie, wenn nötig.**
- **Verarbeite sie alle zusammen zu einem großartigen Saft.**

Gesamtsumme an Kalorien: 20

Vitamine: Vitamin A 131µg, Vitamin C 14,2mg, Vitamin B-6 0,185mg, Vitamin E 1,63mg, Vitamin K 139,1µg, Calcium 84mg, Eisen 2,09mg

Mineralien: Kupfer 0,218mg, Magnesium 28mg, Phosphor 75mg, Selen 2,1µg, Zink 0,63mg

44. Süßer Saft

Du wirst Spaß daran haben, dieses Saftrezept aus zu probieren . Es ist einfach vorzubereiten und alle Zutaten schmecken köstlich. Beginne also damit, diesen Saft mindesten 30 bis 60 Minuten, bevor du deine nächste Mahlzeit isst, zu servieren. "Süßer Saft" ist eine gute Art und Weise das Abnehmen zu beschleunigen und gleichzeitig deine Gesundheit zu verbessern. Wenn du bereit bist, lass uns einige Nutzen, die dieses Rezept mit sich bringt, näher betrachten:

- Rote Beete: hoch an Kohlehydrate, was bedeutet, dass er ein sofortiger Energielieferant ist und nützlich darin, Fett zu verstoffwechseln

- Karotten: hat einen reinigenden Effekt auf die Leber und senkt die Cholesterin-Werte

- Süßkartoffel: beinhaltet entzündungs-hemmende Nährstoffe

Zutaten:

- Rote Beete - 1 Rübe 80g

- Karotten - 3 mittlere 181g

- Süßkartoffel - 1/2 63g

Zubereitung:

- **Wasche alle Zutaten. Schäle sie, wenn nötig.**
- **Verarbeite sie alle zusammen zu einem großartigen Saft.**

Gesamtsumme an Kalorien: 85

Vitamine: Vitamin A 1386µg, Vitamin C 11,2mg, Vitamin B-6 0,30mg, Vitamin E 0,92mg, Vitamin K 17,4µg, Calcium 63mg, Eisen 1,10mg

Mineralien: Kupfer 0,165mg, Magnesium 39mg, Phosphor 87mg, Selen 0,7µg, Zink 0,61mg

45. Pures Leben

Bring dieses gesunde Saftrezept in dein Leben, die Effekte werden deine Gewichtsprobleme auf eine positive Art und Weise verändern und deinen Körper stärken. Du kannst in zu jeder Tageszeit trinken; stell nur sicher, dass du ihn 30 bis 60 Minuten vor einer Mahlzeit zu dir nimmst. Ok, lass uns also sehen, was dieser Saft dir bietet.

- Bittermelone: beinhaltet eine Chemikalie, die wie Insulin wirkt um dein Blutzuckerspiegel zu reduzieren

- Grapefruit: fungiert als ein exzellenter Appetitzügler und ist förderlich bei der Behandlung von Müdigkeit

- Zitrone: hilft bei der Heilung von Atemproblemen und verbessert das Abnehmen

Zutaten:

- Bittermelone - 1 Bittermelone 120g
- Grapefruit - 1/2 große 165g
- Zitrone (mit Schale) - 1 Frucht 80g

Zubereitung:

- **Wasche alle Zutaten. Schäle sie, wenn nötig.**

- **Verarbeite sie alle zusammen zu einem großartigen Saft.**

Gesamtsumme an Kalorien: 45

Vitamine: Vitamin A 73µg, Vitamin C 142mg, Vitamin B-6 0,131mg, Vitamin E 0,23mg, Folate 80µg, Calcium 45mg, Eisen 0,81mg

Mineralien: Kupfer 0.,02mg, Magnesium 27mg, Phosphor 43mg, Selen 0,7µg, Zink 0,80mg

46. Vitaminzeit

Wir alle wollen gesund sein, aber die meiste Zeit vergessen wir, dass wir verantwortlich handeln müssen um das zu tun. Saftrezepte sind eine exzellente Art und Weise um dieses Problem zu lösen- Einige Minuten pro Tag und du bekommst eine große Menge an Vitaminen und Mineralien. "Vitaminzeit" passt auf diese Beschreibung. Lass uns sehen, was er anzubieten hat.

- Apfel: enthält Pektin, das den Cholesterin senkt
- Karotten: baut überschüssige Flüssigkeiten des Körpers ab und reduziert das Risiko für Schlaganfall
- Ingwerwurzel: hilft fettiges Essen zu verdauen und baut Proteine ab, was dem Abnehmen zuträglich ist
- Zitrone: verhindert die Entwicklung von Krebs und erleichtert das Abnehmen

Zutaten:

- Apfel - 1 mittlere 180g
- Karotten - 8 mittlere 485g
- Ingwerwurzel - 1 Daumen breit 22g
- Zitrone - 1 Frucht 82g

Zubereitung:

- **Wasche alle Zutaten. Schäle sie, wenn nötig.**
- **Verarbeite sie alle zusammen zu einem großartigen Saft.**

Gesamtsumme an Kalorien: 165

Vitamine: Vitamin A 2851µg, Vitamin C 56mg, Vitamin B-6 0,589mg, Vitamin E 2,50mg, Vitamin K 46,8µg, Calcium 132mg, Eisen 1,61mg

Mineralien: Kupfer 0,242mg, Magnesium 58mg, Phosphor 145mg, Selen 0,6µg, Zink 0,94mg

47. Leckeres ABC

Dieses Saftrezept serviert man am besten am Morgen, weil es eine großartige Art und Weise ist um deinen Körper einen Energieschub zu verleihen. Außerdem wird es deine Konzentration steigern und dich für den Rest des Tages fit halten. Wenn du nach etwas Ausschau hältst, das dir die oben aufgezählten Nutzen bringt oder wenn du auf der Suche nach einem Rezept bist, das dir hilft Fett loszuwerden, dann solltest du dieses hier probieren. Hier einige Nutzen, die es dir bringt:

- Apfel: verleiht dem Immunsystem einen Schub und hilft deine Leber zu entgiften

- Rote Beete: senkt den Blutdruck, sehr reich an Ballaststoffen und eine große Quelle für Betaine, einem Nährstoff, der die Zellen schützt

- Karotten: verhindern Herzerkrankungen und reinigen den Körper

Zutaten:

- Apfel - 1 mittlerer 180g

- Rote Beete - 1 Rübe 80g

- Karotten - 2 große 141g

Zubereitung:

- **Wasche alle Zutaten. Schäle sie, wenn nötig.**
- **Verarbeite sie alle zusammen zu einem großartigen Saft.**

Gesamtsumme an Kalorien: 95

Vitamine: Vitamin A 837µg. Vitamin C 13,5mg, Vitamin B-6 0,21mg, Vitamin E 0,88mg, Vitamin K 16,1µg, Calcium 49mg, Eisen 0,90mg

Mineralien: Kupfer 0,121mg, Magnesium 31mg, Phosphor 71mg, Selen 0,4µg, Zink 0,47mg

48. Genuss hoch drei

"Genuss hoch drei" ist ein einfaches Saftrezept und kann von der ganzen Familie genossen werden, stell nur sicher, dass du es 30 bis 60 Minuten vor einer Mahlzeit vorbereitest. Fühl dich frei es auszuprobieren und die Resultate zu bestaunen; es wird lediglich positive Dinge in dein Leben lassen, wie Gesundheit und dein Aussehen. Lass uns schauen, wie man es zubereitet und was der Saft für dich bereit hält.

- Apfel: erhöht die Knochendichte, verleiht deinem Immunsystem einen Schub und reduziert das Cholesterin

- Rote Beete: regeneriert und reaktiviert die roten Blutzellen und liefert dem Körper frischen Sauerstoff

- Süßkartoffel: spielt eine wichtige Rolle bei dem Energiespiegel, deinen Launen, den Nerven, Herz, Haut und Zähne

Zutaten:

- Äpfel - 2 mittlere 360g

- Rote Beete - 1 Rübe 80g

- Süßkartoffel - 135g

Zubereitung:

- **Wasche alle Zutaten. Schäle sie, wenn nötig.**
- **Verarbeite sie alle zusammen zu einem großartigen Saft.**

Gesamtsumme an Kalorien: 175

Vitamine: Vitamin A 643µg, Vitamin C 16,5mg, Vitamin B-6 0,331mg, Vitamin E 0,71mg, Vitamin K 7,3µg, Calcium 51mg, Eisen 1,31mg

Mineralien: Kupfer 0,247mg, Magnesium 48mg, Phosphor 92mg, Selen 0,8µg, Zink 0,56mg

49. Abendgenuss

Es gibt keine Entschuldigungen was das Abnehmen betrifft. "Abendgenuss" ist ein großartiges Saftrezept um diese Aufgabe zu erfüllen. Du solltest ihn am Morgen trinken, um das Beste aus dem restlichen Tag zu machen. Es wird nicht mehr als 5 Minuten dauern um ihn vorzubereiten und für diese 5 Minuten erhältst du tolle Ergebnisse! Finde heraus, was dich erwartet.

- Rote Beete:
- Karotte:
- Sellerie:
- Gurke:
- Birne:
- Ingwerwurzel:

Zutaten:

- Rote Beete (golden) - 1 Rübe 80g
- Karotten - 3 große 215g
- Sellerie - 4 Stangen, große 255g
- Gurke - 1/2Gurke 150g
- Ingwerwurzel - 1/2 Daumen breit 11g

- Birne - 1 mittlere 174g

Zubereitung:

- **Wasche alle Zutaten. Schäle sie, wenn nötig.**
- **Verarbeite sie alle zusammen zu einem großartigen Saft.**

Gesamtsumme an Kalorien: 147

Vitamine: Vitamin A 1304µg, Vitamin C 25mg, Vitamin B-6 0,462mg, Vitamin E 1,66mg, Vitamin K 1,82mg, Calcium 158mg, Eisen 1.73mg

Mineralien: Kupfer 0,334mg, Magnesium 75mg, Phosphor 161mg, Selen 1,7µg, Zink 1,15mg

50. Gemüsezeit

Hier kommt ein großartiges Saftrezept, das du probieren musst. Wenn du gerade eine Diät machst oder einen gesünderen Körper haben willst, wird es dir dabei helfen. Es ist leicht vorzubereiten und du solltest ihn am Morgen trinken als eine Art zusätzlichen Snack. Die Zutaten sind reich an wichtigen Nährstoffen und haben nur wenige Kalorien, daher wird es deinen Fortschritt beschleunigen. Lass uns sehen welcher Nutzen dir dieses Rezept bringt.

- Rote Beete: bekämpfen Entzündungen und senken den Blutdruck

- Karotten: großartige Quelle an Beta-Karotinen, die das Risiko von Krebs vermindern

- Sellerie: reduziert Cholesterin und reguliert den Säurehaushalt

- Petersilie: exzellenter Blutreiniger und Blutbildner

- Pfeffer: hat antibakterielle und antioxidantische Wirkung

- Radieschen: gut um Hunger zu stillen und deine Kalorienaufnahme gering zu halten

- Tomaten: der Gehalt an Ballaststoffen, Kalium, Vitamin C und Cholin in Tomaten tragen zur Gesundheit des Herzens bei

Zutaten:

- Rote Beete - 1 Rübe 81g
- Karotten - 2 mittlere 121g
- Sellerie - 2 Stangen, große 125g
- Petersilie - 4 Hand voll 160g
- Pfeffer (Jalapeno) (Kerne/Schale entfernt) - 1 Pfeffer 13g
- Radieschen - 12 mittlere 50g
- Tomaten - 4 Rispentomaten 246g

Zubereitung:

- **Wasche alle Zutaten. Schäle sie, wenn nötig.**
- **Verarbeite sie alle zusammen zu einem großartigen Saft.**

Gesamtsumme an Kalorien: 100

Vitamine: Vitamin A 1273µg, Vitamin C 200,4mg, Vitamin B-6 0,51mg, Vitamin E 2,92mg, Vitamin K 1890,3µg, Calcium 254mg, Eisen 8,45mg

Mineralien: Kupfer 0,403mg, Magnesium 113mg, Phosphor 190mg, Selen 1,1µg, Zink 2,11mg

ANDERE GROSSARTIGE WERKE DES AUTORS

Fortgeschrittenes Training zur mentalen Stärke für Gewichtheber:

Verwende Visualisierungen um dein wahres Potential auszuschöpfen

Von

Joseph Correa

Zertifizierter Meditationslehrer

Steigere deine mentale Stärke im Bodybuilding durch Meditation:

Erreiche dein Potential durch Gedankenkontrolle

Von

Joseph Correa

Zertifizierter Meditationslehrer

www.ingramcontent.com/pod-product-compliance
Lightning Source LLC
Chambersburg PA
CBHW070124080526
44586CB00015B/1552